Dr. Mitsuo Shirahama
Heilung durch Bioenergie

Dr. Mitsuo Shirahama

Heilung durch BIOENERGIE

DREI EICHEN VERLAG

Dieses Buch ist
Marie-Louise von Franz
gewidmet

ISBN 3-7699-0591-1
Verlagsnummer 591

1. Auflage, 1.–2. Tausend 1998
Gesamtherstellung: Ebner Ulm
Schrift: Garamond 11/12
Umschlaggestaltung: 2005 Werbung, München

INHALTSVERZEICHNIS

KAPITEL II: FORSCHUNGSARBEIT

KAPITEL III: DIE INSTITUTSZEIT

KAPITEL IV: DIE EINZELNEN CHAKRAS UND IHRE BEDEUTUNG

KAPITEL V: DER PRAKTIKUMS-LEHRGANG

VORWORT

Über einen längeren Zeitraum hatte ich das unschätzbare Privileg, mit Marie-Louise von Franz, Schülerin und engster Mitarbeiterin des 1961 verstorbenen C.G. Jung, in nahem Kontakt zu stehen. Aufgrund ihrer Weitsicht und großen Intelligenz blieb sie stets den wahren Gedanken Jungs treu, was mir ermöglichte, die Jungsche Psychologie in authentischer Form zu studieren.

Auf den eigentlichen Weg, wie ihn Jung vorsah, war ich dank verschiedener Inspirationen geführt und dabei immer wieder dazu angehalten worden, mit Vertrauen und Beharrlichkeit weiterzumachen.

Jung, ein großer Forscher der Psyche und naturwissenwissenschaftlicher Prophet, war mit Sicherheit zu seiner Idee inspiriert worden.

Ich hoffe, daß Sie, werte Leserin, werter Leser, durch dieses Buch einen weiteren und tieferen Einblick in seine Psychologie werden gewinnen können, der wir einen großen Beitrag zu mehr Menschlichkeit auf unserer Welt verdanken.

Was die Bioenergie anbelangt, so habe ich darin den psychosomatischen Aspekt im Sinne von C.G. Jung aufgegriffen, für den meinem großen Vorbild selbst zu wenig Zeit geblieben war. Als sein Schüler hoffe ich darauf, daß seine Ideen auch in Zukunft weiterentwickelt werden. Ich persönlich habe in der Zwischenzeit ein Institut zur Behandlung von Patienten sowie zu Forschungszwecken gegründet, auch wenn die Anfangszeit sehr schwer war, wie Sie im folgenden erfahren werden.

Was die Abfassung des vorliegenden Buches betrifft, gebührt mein besonderer Dank Monika Schmitz-Lanz, ohne die ich diese Seiten nicht hätte realisieren können. Das Zustandekommen unserer Bekanntschaft beruht auf einer Synchronizität, wie sie fast nur der Himmel geschickt haben kann. Der interessierte Leser wird im Schlußwort mehr darüber erfahren.

Auch vor ihrer Ausbildung an meinem Institut und noch ohne eingehendere Kenntnisse in der Jungschen Psychologie konnte sie meinen Ausführungen folgen und die Gedanken präzise und ohne Nachfragen in deutsche Worte kleiden.

Den Inhalt verdanke ich zudem meinen sprudelnden Inspirationen.

Wir waren also beide von der Hilfe eines guten Geistes begleitet; andernfalls hätte uns die Arbeit unmöglich in so kurzer Zeit gelingen können.

Ebenso herzlich danken möchte ich Herrn Helmuth Mayer, lic. oec. H.S.G., für seine Kontaktaufnahme mit Herrn Manuel Kissener, dem Hausherrn des Drei Eichen Verlags, von dem ich im Anschluß daran viel Unterstützung erfahren habe.

Für die sorgfältige Durchsicht des Manuskriptes bedanke ich mich beim zuständigen Lektor des besagten Verlags, bei meiner Frau Georgette Shirahama sowie Herrn René Schmitz.

Ein großer Dank gilt ausserdem meinem Sekretariat, namentlich meiner Assistentin Frau Jolanda Sabino sowie Frau Béatrice Gmünder und Frau Petra Fehlmann, die uns bei der Arbeit stets auf verschiedene Weise unterstützt haben.

Ein Vorhaben kann nur in angenehmer Umgebung zu voller Zufriedenheit gelingen.

Zürich, im Januar 1997 Dr. M. Shirahama

EINFÜHRUNG

Wir alle, verehrte Leserin, verehrter Leser, machen während unseres Lebens früher oder später den sogenannten Individuationsprozeß durch, suchen nach der Verwirklichung unseres Selbst.

Marie-Louise von Franz, die bereits im Vorwort erwähnte Schülerin und langjährige engste Mitarbeiterin C.G. Jungs, schreibt dazu:

»Individuation wird oft mit Selbstverwirklichung übersetzt, doch suggeriert dieses Wort leicht falsche Zusammenhänge. Man denkt dabei an Stärkung der Ich-Persönlichkeit und der eigenen Identität. Jung versteht aber unter Individuation etwas ganz anderes, nämlich die Begegnung mit einem göttlichen inneren Seelenkern, den Jung das Selbst nennt, und die Unterordnung unter ihn. Der Initiationsweg des Schamanen, die Queste des Helden und der innere Weg der Mystiker beschreiben das, was unter Individuation gemeint ist.«[1]

Was C.G. Jung mit der alchemistischen Transformation verglich, entspricht auch der indischen Vorstellung der »Kundalini«* In seinem Werk »Die Schlangenkraft« bezeichnet der Autor John Woodroffe, der unter dem Pseudonym Arthur Avalon schrieb, die Kundalini als »die Göttliche Kosmische Energie im Körper«[2]; vergleichbar mit

* Bei Jung (»Studien über alchemistische Vorstellungen«) lesen wir dazu: »(...) eine Art von alchemistischem Prozeß der Läuterung und Veredlung; das Dunkle gebiert das Licht, aus »dem Blei der Wassergegend« wächst das edle Gold, Unbewußtes wird zu Bewußtem in Form eines Lebens- und Wachstumsprozesses. (Nach A. Avalon, »The Serpent Power«: Eine völlige Analogie hierzu ist der indische Kundaliniyoga). Solchergestalt ergibt sich die Vereinigung von Bewußtsein und Leben.« (S. 32)

einer in der Wirbelsäule jedes Menschen zusammengerollten Schlange, die es zu erwecken gilt. (Avalon: »Kundala heißt zusammengerollt«,[3])

Die Schlange gilt allgemein als Symbol für innere Kraft.

In David V. Tansleys höchst interessantem Werk »Energiekörper« finden wir im Kapitel »Die Schlange als Symbol spiritueller Kraft« folgende Stelle:

»In fast allen Lehren, besonders in denen Indiens, taucht die Schlange als Symbol sich erneuernder spiritueller Energie auf. Die sogenannte Kundalinikraft ist die Primärkraft, die alle Formen mit Energie auflädt. Beim Menschen wird sie als ein mystisches Feuer elektrischer Natur beschrieben, welches zusammengerollt am Grunde der Wirbelsäule ruht. Wenn es geweckt wird, steigt es in spiralförmigen Bewegungen an der ätherischen Wirbelsäule auf und brennt dabei die schützenden ätherischen Netze weg, die entlang der Wirbelsäule zwischen den Chakras liegen.«[4]

Diese Kraft »schlängelt« sich also, ausgehend von der Mutter Erde, buchstäblich die Wirbelsäule entlang hinauf.

An dieser Stelle sei erwähnt, dass der Begriff »Mutter Erde« ursprünglich von den latein-amerikanischen Indios geprägt worden ist.

Im indischen Kundalini-Konzept finden wir eine Analogie dazu, insofern als dort von der in der Mutter Erde schlafenden »Shakti«, einer Göttin, gesprochen wird.

In der Jungschen Psychologie entspricht dies wiederum den Ausdrücken »Archetypische Mutter« bzw. »Große Mutter«.

Auch »Yin« ist eine Bezeichnung für das Weibliche, während das komplementäre »Yang« das Männliche, »Shiva«, einen Gott oder den Vater darstellt.

Und nochmals möchte ich an dieser Stelle den ersten Übersetzer des Sanskrit, Arthur Avalon, zitieren:

»Kundalini ist die im Körper vorhandene statische Seinsform der Schöpfungskraft, sie gilt als Urquell für alle Energie einschließlich Prana.«[5]

Die Chakras, die Energiezentren unseres Körpers, öffnen sich; wir empfinden eine allgegenwärtige Lebenskraft, das »Prana« in uns und werden schließlich zum ganzheitlichen Menschen oder, um es wieder mit C.G. Jung zu sagen, dem »anthropos« bzw. »homo totus«.

In Gopi Krishnas »Kundalini, the evolutionary energy in man« kommentiert Dr. James Hillman, ein Jungianer: »Er (Jung) bezeichnete die Kundalini als ein Beispiel für den ›instinct of individuation‹ (Instinkt der Individuation).«[6]

Im selben Buch lesen wir später: »(...) Kundalini ist ein Individuationsinstinkt mit einer starken sexuellen, gar erotischen Komponente.«[7]

Im Chinesischen entsprechen Jungs Vorstellungen dem »chên-yên«. Wir könnten ebenso vom »Selbst« oder dem in der angloamerikanischen Kultur bekannten Ausdruck »inner child« sprechen, dem inneren Kind also, das noch zu wachsen, den Individuationsprozeß durchzumachen hat.

Erika J. Chopich und Margaret Paul schreiben in ihrem lesenswerten Buch »Aussöhnung mit dem inneren Kind«:

»Die Verbindung und das Gleichgewicht zwischen den beiden – dem (liebevollen) Erwachsenen und dem (geliebten inneren) Kind, dem Gott und der Göttin, dem Männlichen und dem Weiblichen, Yin und Yang – das ist das höhere Selbst.«[8]

In seinem Werk »Studien über alchemistische Vorstellungen« erwähnt Jung den anscheinend ältesten uns bekannten chinesischen Alchemisten des 2. Jahrhunderts der christlichen Ära, der den »chên-yên« geschildert haben soll als »den wahren oder vollständigen Menschen, welcher Anfang und Ende des Werkes ist«[9].

Die Umwandlung hin zum vollkommenen Menschen wird in der chinesischen sowie der indischen Kultur wie folgt erklärt: Auf eine anfängliche Dunkelheit, gekennzeichnet durch unbewußte Probleme, folgt allmählich ein Zustand hellen Lichtes, wenn die psychologische Transformation abgeschlossen ist.

Diese Kulturen stimmen genau mit der Jungschen Idee überein, wonach die Transformation von der Mutter Erde auszugehen hat.

Jung ging stets davon aus, daß die Große Mutter, die Mutter Erde eine Grundlage, einen Status Quo für den Menschen bildet, und daß er ohne (An-)Erkennen dieser Tatsache sich nicht Richtung Himmel bewegen kann.

Das hohe Ziel der Bioenergie-Therapie nun besteht darin, den Menschen durch das Öffnen der Chakras bewußt zu seiner Ganzheit, zu einem Leben in Harmonie zu führen. Die in der Wirbelsäule latente Kraft soll aktiviert werden.

Zitieren wir dazu wiederum Arthur Avalon:

»Jedes einzelne dieser »astralen« Zentren hat ganz bestimmte Funktionen: am Nabel: ein einfaches schlichtes Einfühlungsvermögen; an der Milz: »bewußtes Wandern« im Astralkörper; am Herzen: »eine Fähigkeit, die Schwingungen anderer astraler Entitäten zu begreifen und mitzufühlen«; an der Kehle: die Fähigkeit, auf der Astralebene zu hören; zwischen den Augenbrauen: »Das astrale Sehen«; an der »Scheitelspitze«: die Vollendung aller astraler Lebensfähigkeiten. Deshalb sollen diese Zentren für den Astralkörper gewissermaßen die Funktionen von Sinnesorganen ausüben. Im ersten Zentrum »am Grunde der Wirbelsäule« liegt das aus sieben Schichten oder sieben Stärkegraden bestehende »Schlangenfeuer«, die Kundalini.«[10]

Ganzheit bedeutet für mich, anders als dies noch für C.G. Jung der Fall sein konnte, eine Einheit von Seele und

Körper als Basis. Als Folge davon gesellt sich dann der Geist als drittes Element dazu.

Für C.G. Jung war es zeit seines Lebens noch nicht möglich, den Körper vollends in sein Konzept einzubeziehen. Über den Körper zu sprechen, ihn zu integrieren, heißt nämlich auch, sich zu den Instinkten, speziell zum erotischen Instinkt, der Sexualität also, zu äußern.

Dies entspricht dem besagten Instinkt der Individuation.

In einer Zeit allerdings, in der die katholische Kirche so stark war wie zur Zeit C.G. Jungs, war dies undenkbar: Diese Institution tabuisierte, ja verbot die Sexualität in mancher Hinsicht.

Erlauben Sie mir an dieser Stelle eine Bemerkung: Wann immer im folgenden der Begriff »Kirche« verwendet wird, so ist damit stets die katholische Kirche gemeint, auch wenn das Gesagte ebenso auf die protestantische Kirche zutrifft.

Heute nun, da immer mehr Menschen sich von eben dieser Kirche abwenden, in ihr keinen Halt mehr finden und sich daher auf die Suche nach einer neuen Stütze begeben, ist die Zeit gekommen für Offenheit, für die Abschaffung überkommener Tabus – der Moment zur Anwendung und Verbreitung der Bioenergie-Therapie.

Im Sinne C.G. Jungs habe ich es mir als dessen Schüler zur Aufgabe gemacht, den Körper in mein Konzept und die Behandlung einzubeziehen. Durch die Behandlung am Körper wird sich auch das unterste, erste Energiezentrum, das sogenannte Wurzelchakra, maßgebend für die erfüllte Liebe, öffnen und der Mensch zu einem glücklichen Leben in Harmonie finden.

Im eigentlichen Mittelpunkt wird jedoch im Verlaufe meiner Ausführungen ein anderes Energiezentrum stehen, sowohl physisch als auch von der Bedeutung her gesehen: das Herzchakra.

A. Avalon sagt dazu:

»Das Vedische System postuliert das Herz als den Hauptsitz für das Bewußtsein – einen Überrest dieser Vorstellung bewahren wir noch in der Redensart »Nimm es zu Herzen«, »Lerne mit Herz«. (. . .) Indische Physiologen wurden veranlaßt, »das Herz als den Sitz für die Erkenntnis anzunehmen«.[11]

Dem Herzchakra werden wir aufgrund seiner immensen Wichtigkeit also besondere Aufmerksamkeit schenken.

Darin geht auch Dr. med. Frank Nager, Spezialarzt für Innere Medizin, insbesondere Kardiologie, und Autor des Buches »Das Herz als Symbol« einig. Das dritte Kapitel eröffnet er wie folgt:

»Über alle Zeiten und Grenzen hinweg lebt die Vorstellung, daß das Herz des Menschen seinem Lebenszentrum entspricht. In diesem Wesenskern entspringt die Quelle physischer Lebenskraft. Hier gründen seine Gefühle, hier ist auch der Sitz der Seele. Seit Jahrtausenden bezeichnet das Herz den ganzen inneren Menschen.«[12]

Das Herz ist das Zentrum der Emotionen, der Liebe. Es bildet eine Brücke zwischen Mensch und Gott. Nun ist aber, meiner Erfahrung nach, bei ungefähr 75% der heutigen Menschen gerade das Herzchakra blockiert – kann unter diesen Umständen die Welt von Liebe regiert werden, wie dies die Kirche von uns verlangt? Persönlich halte ich diese Forderung für utopisch.

Das Herz ist also nicht nur ein Symbol, sondern ein für uns sehr realistisches Phänomen. Der schöne Satz »Ich liebe dich« kann erst dann der Wahrheit entsprechen, wenn das Herzchakra offen ist. Erst dann kann der Mensch wirkliche, realistische Liebe zum Nächsten empfinden. Was die Kirche fordert, ist nur Theorie.

Auch physisch gesehen bildet das Herzchakra eine Brücke, bildet es doch die genaue Mitte zwischen den drei der Mutter Erde zugehörigen Energiezentren Wurzel-, Sakralchakra und Solarplexus einerseits und den drei Richtung Himmel weisenden Punkten Kehlkopf- oder Halschakra, Stirn- und Scheitelchakra andererseits. Von letzterem aus, von oben her, erfüllt dann die universelle Energie Gottes unser Herz, das diese wiederum an den ganzen Körper weitergibt.

Nur wenn das Herzchakra offen ist, kann die Energie von der Mutter Erde her zum Vater Himmel aufsteigen. Nur dann kann die Kundalini ihre volle Kraft entfalten und uns zum Ziel, dem ganzheitlichen Menschen, führen. Ist dies der Fall, so wird der Körper bis in alle Extremitäten durchblutet; kalte Hände oder Füße werden für den Betreffenden künftig ein Fremdwort sein.

Er fühlt sich glücklich und fröhlich; böse Gedanken kommen gar nicht an ihn heran; vielmehr lebt er in kosmischer Harmonie.

Bei geschlossenem Herzchakra hingegen besteht die Möglichkeit eines freien Energieflusses nicht. Herzrhythmusstörungen, Kraftlosigkeit, Polyarthritis oder -arthrose, Depressionen, psychische Krankheiten allgemein können die Folge sein. Da der Energiestrom auch gleichzeitig die Blutzirkulation reguliert, wird bei einer Blokkade des Herzchakras zwangsläufig auch diese in Mitleidenschaft gezogen. Dadurch bekommt das Herz mit der Zeit zu wenig Nahrung.

D. Tansley schreibt:

»Die taoistischen Adepten Chinas verglichen das Herz mit einer Feuerkammer zwischen dem Himmel (Kopf) und der Erde (Unterleib) und behaupteten, daß dessen Verwandlung zur Unsterblichkeit führe.«[13]

Von Kindheit an sollte sichergestellt werden, daß das Herz mit genügend Energie versorgt wird, um späteren Beeinträchtigungen vorzubeugen.

Nicht nur Erkrankungen können die Folge davon sein;

bei einer Blockade der Herzgegend wird die Energie zudem direkt nach unten zurückgeschickt, und zwar in negativer Form! Der Körper kann unmöglich zu einer Harmonie finden.

Eine normale Mandalarotation, d.h. das Aufsteigen der Energie bis in den Kopf und das erst dann erfolgende Zurückfließen Richtung Mutter Erde, kann nicht eintreten.

Daher ist bei sexuellen Störungen, insbesondere bei Impotenz bzw. Frigidität meiner Ansicht nach die Ursache in der negativen Energie als Folge einer Blockade des Herzchakras zu suchen. Der Grund liegt nicht nur im Bereich des Wurzelchakras, sondern rührt auch vom Herzchakra her.

Dasselbe gilt bei Atem- und Konzentrationsschwierigkeiten oder Augen-, Ohren- und Nasenproblemen: Als Konsequenz des blockierten Herzchakras bleiben auch unweigerlich die drei zusammengehörigen Zentren Kehlkopf-, Stirn- und Kronenchakra ohne Energiezufuhr. Dadurch kommt es zu den eben erwähnten gesundheitlichen Beeinträchtigungen im Kopfbereich.

Schließlich kann ein blockiertes Herzchakra einen Menschen sogar zu kriminellem Verhalten führen, da jegliches Empfinden von Liebe gegenüber dem Mitmenschen verunmöglicht wird.

So hat meiner Überzeugung nach sogar Kriminalität eine gesundheitliche Ursache.

In einem versperrten Herzen bleibt kein Platz für Gott – dabei wäre gerade unser Herz der Wohnsitz Gottes. Der Betroffene fühlt sich unglücklich, leer.

Wer ohne Gott lebt, wird brutal: Gott ist ersetzt worden durch das Antigöttliche. Ein solcher Mensch ist unglücklich, da er gottlos und ohne guten Geist lebt; körperlich gesehen kann es zu Erkrankungen wie Krebs kommen, denn das Immunsystem ist aufgrund der nicht richtig fließenden Energie geschwächt, gestört durch ein Ungleichgewicht von Körper, Seele und Geist.

Wo man heutzutage hinschaut, sieht man sich umgeben von unzufriedenen, unglücklichen, harmonielosen Menschen. Wer sollte da noch zu denken wagen, wie die Welt in der Zukunft aussehen wird, wenn diese Tendenz anhält? Steuern wir dem Ende der Welt entgegen? Obwohl ich mich immer um ein positives Denken bemühe, muß ich mir bei einem solchen Anblick oft diese Frage stellen.

Die Kirche postuliert ganz einfach, den Nächsten zu lieben; dies ist – gerade bei blockiertem Herzchakra – leichter gesagt als getan, nichts anderes als ein utopischer Slogan, und unser heutiges Problem wird damit bestimmt nicht gelöst.

Findet der wirkliche Individuationsprozess statt, wie wir ihn kennengelernt haben, so kommt es zu wahrhafter Liebe, nur dann.

Auch die Schulmedizin kann aufgrund der Vernachlässigung der Seele kaum zu einer Besserung der heutigen Situation beitragen.

Sie müßte sich wieder darauf besinnen, daß es bei einer Heilung nicht nur um den Körper, sondern auch um die menschliche Seele geht.

Die Bioenergie-Therapie aber hat es sich zum Ziel gesetzt, Licht in dieses Dunkel zu bringen.

Meine Methode ist in einer Art »Sandwichposition« zwischen der Kirche und der Schulmedizin einzuordnen; ähnlich wie die Jungsche Psychologie, die eigentlich zur Naturwissenschaft gezählt werden kann. Nur bezieht meine Therapie, wie gesagt, den Körper ein.

Ich strebe die Vereinigung beider Aspekte an; es handelt sich also um eine ganzheitliche Behandlung.

Das konkrete Ziel besteht darin, Mutter Erde (das Unterbewußte) und Vater Himmel (unser Bewußtsein, besonders das Ego) mittels eines durchgehenden Energieflusses zu verbinden, den Energiestrom von unten nach oben steigen und den Körper in den Genuß der dann zurückströmenden Energie, der heilenden Mandalarotation kommen zu lassen.

Wer schließlich zu dieser Harmonie von Körper, Seele und Geist gefunden hat, der wird zu einem glücklichen, fröhlichen und gesunden Menschen werden und es auch bleiben: Der Betreffende wird zudem in einen Schutzmantel eingehüllt werden, der ihn künftig vor Viren und Bakterien schützt.

Dann dürfen wir zu recht behaupten: Der Mensch ist Gott, nicht nur metaphysisch, sondern auch phänomenologisch gesehen. Wenn Gott neben uns, ja in uns ist, so empfinden wir Glück. Brutalität ist uns fremd, Liebe das Lebensmotto. Wie von selbst hat sich aufgrund des Kundalini-Prozesses bzw. des Jungschen Individuationsprozesses auch der gute Geist zu uns gesellt.

So wird Ihnen, werte Leserin, werter Leser, dieses Buch im folgenden Aufschluß geben über die Entstehung der Bioenergie, deren Anwendung und Nutzen. Je mehr Menschen etwas über diese Therapie und ihre Folgen erfahren können, desto größer wird die Chance, die uns durch die Bioenergie gebotenen Möglichkeiten zu verwirklichen: die Welt von der Brutalität zu befreien, den Menschen zu seinem Glück zu führen, ein Leben in Liebe Realität werden zu lassen. Möge dieses Buch Ihnen Hoffnung auf die baldige Verwirklichung eines wieder lebenswerten Lebens geben.

KAPITEL I: DIE ENTSTEHUNG DER BIOENERGIE-THERAPIE

A) Ein Stück persönlicher Lebensgeschichte

1. Der Weg nach Zürich
Mein Interesse galt seit jeher dem Phänomen geistiger Besessenheit. Bereits während meines Studiums an der Universität Mailand fiel mir auf, wie viele meiner Kommilitonen in irgend einer Weise von einem schlechten Geist begleitet wurden.

U.a. verfaßte ich an dieser Universität eine Dissertation über das Phänomen im allgemeinen. In Mailand noch stieß ich auf der Suche nach Autoren in diesem Bereich glücklicherweise auf eine Buchhandlung mit Namen Ricci.

Zu dieser Zeit war die Psychologie in erster Linie auf Freud bzw. Neo-Freud ausgerichtet. Herr Ricci machte mich jedoch auf den Schweizer Psychiater C.G. Jung aufmerksam. Meine Frage, ob dessen Bücher ins Italienische übersetzt worden seien, bejahte er, worauf ich das Werk »enthusiasmo« las. Dabei zeigte sich mir, daß C.G. Jung die gesuchte Materie bereits bearbeitet hatte.

Obwohl dieser große Denker schon 1961 vestorben war, faßte ich den Entschluß, über München nach Zürich zu gehen. In München lebten Bekannte von mir (Fam. Dr. med. Galland), die mich dazu angehalten hatten, doch nach München zu kommen. Ich hatte ihnen aber auch schon zu verstehen gegeben, daß ich nach Zürich gehen wollte. In

München war es zu einer sogenannten Synchronizität gekommen, d.h. zum Zusammentreffen einer innerlichen und einer äußeren Begebenheit, die scheinbar nichts miteinander zu tun haben; zum Zeichen, daß nicht München, sondern wirklich Zürich mein weiterer Studienplatz sein sollte.

So gelangte ich mit vollgepacktem Volkswagen Anfang August 1970 nach Zürich und ging zum Sekretariat des C.G. Jung-Instituts, damals an der Gemeindestraße in Zürich gelegen, wo mich eine imposante Dame, Frau H. Baumann, empfing und mir mitteilte, das Sommersemester sei bereits beendet, ich müsse mich für September anmelden. Nun stellte sich die Frage, wohin ich bis September gehen sollte. Ich kam auf die Idee, während zweier Monate die beiden Töchter der Familie Galland, die eine in Düsseldorf, die andere in Venlo (NL) wohnhaft, zu besuchen.

2. Erste Erfahrungen in dieser Stadt

Die Semesterferien gingen zu Ende und nachdem mich der getreue alte Volkswagen zurück nach Zürich gebracht hatte, traf ich erneut auf Frau Baumann. Ich fragte sie nach einer Arbeitsmöglichkeit als Praktikant am C.G. Jung- Institut. Sie telefonierte deshalb mit der Psychiatrischen und Psychotherapeutischen Klinik am Zürichberg, u.a. gegründet von Professor C. A. Meier, einem Jungianer, allerdings ausgerichtet auf die Ratio.

Professor Meier war ein Schüler von Frau Dr. Jolanda Jacobi, die zwischen dem Katholizismus, der modernen Schulmedizin und Freud einen Kompromiß eingegangen war und einen Mittelweg zu gehen suchte. Daraufhin war ein Streit zwischen den meiner Ansicht nach echten Vertretern C.G. Jungs (Gruppe um Marie-Louise von Franz) und den auf die Ratio ausgerichteten Jungianern entbrannt.

Während Freud eine sog. männliche Psychologie auf der Basis des rationalistischen Denkens, des Bewußtseins vertrat, handelt es sich bei der Jungschen Psychologie um eine sog. weibliche Ansichtsweise, da sie sich vornehmlich auf das Unterbewußtsein, das Konzept des Selbst, den Individuationsprozeß konzentriert. Die Ratio-Jungianer wollten diese Aspekte jedoch nicht sehen; vielmehr führten sie alles auf den Egokomplex zurück. Von Vorstellungen wie der des Individuationsprozesses usw. wollten sie nichts wissen. Nach C.G. Jungs Tod kam es deshalb zur Trennung der beiden uneinigen Gruppen.

Fast zur selben Zeit, in der ich mein Institut gründete (1993), eröffnete auch Marie-Louise von Franz ihr eigenes »Forschungs- und Ausbildungszentrum für Tiefenpsychologie nach Carl Gustav Jung und Marie-Louise von Franz«. Damit war die Trennung offiziell geworden.

Mit ihrer Gruppe kann ich mich vollständig identifizieren. Von den Ratio-Jungianern setzen wir uns klar ab.

Ohne der Gefahr einer Projektion oder Schuldzuweisung zu erliegen, muß ich auch sagen, daß ich als Schüler der Gruppe um Marie-Louise von Franz von den Ratio-Jungianern schlecht behandelt worden bin.

Marie-Louise von Franz hatte den Namen »Institut« absichtlich nicht benutzt: Wo ein Institut ist, ist auch Konkurrenzdenken im Spiel.

Eben dieses Denken hat die Ratio-Jungianer weit weggeführt von den eigentlichen Ideen Jungs.

Der geneigte Leser wird sich nun fragen, wie es denn komme, daß ich persönlich trotzdem ein »Institut« gegründet habe: Ich wählte diesen Namen, um dem, was ich aufgebaut habe, nach außen hin eine bessere Basis zu geben. Jeder Patient oder an der Aubildung Interessierte vertraut verständlicherweise dieser Bezeichnung mehr als ungebräuchlicheren Begriffen wie Forschungszentrum etc. Wir dürfen nicht vergessen, daß ich dies alles als Privatmann trage, ohne Druck einer Bank, vor allem aber ohne Machtstreben!

Doch kommen wir zurück zu meinen Anfängen und den glücklichen Umständen in Zürich:

Ich bekam die Gelegenheit, an besagter Klinik ein Praktikum zu absolvieren. Dabei sah ich mich mit der Tatsache konfrontiert, daß den Patienten eine Unmenge von Medikamenten verschrieben wurde, was mich einerseits schokkierte, andererseits aber auch zu meiner manuellen Therapie, dem eigentlichen Anfang der heutigen Bioenergie-Therapie, inspirierte.

Praktische Behandlungserfahrung hatte ich damals noch keine, wohl aber theoretische Kenntnisse (aus meinen Studien der Theologie und Philosophie), die ich jetzt auf meine Patienten anwenden konnte, um sie von Schlaflosigkeit, Kopfweh, Migräne, Rückenproblemen etc. zu befreien. Dies entwickelte sich, wie gesagt, bereits 1970, ausgehend von einer einfachen Inspiration und noch ohne großes Wissen um C.G. Jungs Feststellung, wonach in der modernen Medizin zu schnell Medikamente verabreicht würden. Er spricht in diesem Zusammenhang von Toxinen. (Vgl. Jung, G.W., Walter Verlag, Olten, Studien über alchemistische Vorstellungen, S. 42)

Nach meiner Behandlung stellte sich für viele Patienten eine Besserung ein. Der Direktor der Klinik, Dr. med. H. K. Fierz, nahm zwar zur Kenntnis, daß ich dadurch bekannt geworden war, glaubte aber nicht, daß der Erfolg von langer Dauer sein würde. Doch es kamen auch weiterhin viele Patienten von sich aus zu mir, und ich setzte die Behandlungen, trotz eines eher kärglichen Einkommens von 500.– Schweizer Franken im Monat, beharrlich fort.

Aufgrund meiner eigenen Erfahrungen mit der Kirche war ich es gewohnt, sogar unentgeltlich zu arbeiten: Abgegolten werden die Dienste dadurch, daß die Institution als archetypische Mutter alles übernimmt, für alles sorgt. Ihre Vertreter, z.B. im Vatikan, müssen sich keine Gedanken über Alltägliches machen. Am Morgen steht alles auf dem Tisch; niemand von ihnen hat eine Ahnung, was das Leben kostet, jeder lebt ohne irgendeinen Bezug zur Realität. So gesehen wird gratis, aus tiefem Idealismus heraus, gearbeitet; dies jedoch läuft den menschlichen Instinkten zuwider.

Denken wir außerdem an den privaten Besitz, ein anderes kosmisches Recht, das von Natur aus jedem Menschen zusteht. Auch diesem widerspricht das kirchliche System, vergleichbar mit der Handhabung in einem sozialistischen Staat.

Alles in allem wird dort die menschliche Freiheit unterdrückt. Schon dadurch kann es unter diesen Umständen gar nicht erst zu einem Leben in Harmonie kommen.

Sicher darf ein Entschädigtwerden – um zum finanziellen Aspekt zurückzukommen – nicht in exzessiven Kapitalismus ausarten, Geld nicht zu einer zweiten Gottheit werden, sonst kommt es zur heute so oft beobachteten Geldgier.

Geld ist in erster Linie eine Form von Energie, die als Antwort auf eine Ego-Funktion, als Energieaustausch eingesetzt werden soll.

Unter Ego-Funktion versteht man eine bewußte Reaktion auf eine wahrgenommene reale Situation, auf äußere Umstände, unabhängig vom inneren Denken.

Ein Beispiel dazu: Sie sind in einem Geschäft und sehen viele ansprechende Sachen. Wenn Sie nun zuerst Ihre Brieftasche herausnehmen und nachschauen, was Sie sich davon leisten können, so ist dies auf Ihre Ego-Funktion zurückzuführen. Würden Sie unüberlegt alles kaufen, so bestünde keine Verbindung zur äußeren Realität.

Bereits hier wird deutlich, wie wichtig ein starkes Ego-Bewußtsein ist, was wiederum sehr viel Disziplin voraussetzt. Letztere stellt sich aber wie von selbst als Folge des Individuationsprozesses ein, ebenso wie Standfestigkeit und ein starkes Ego.

Kostenlos zu helfen halte ich für eine Art Heuchelei. Wer viel gibt, soll auch etwas zurückbekommen. Der heute in meiner Praxis verlangte Preis beschränkt sich allerdings auf den Betrag, der für das Institut absolut nötig ist.

3. Auf der Suche nach Wohnraum

Nach zwei Jahren verließ ich die Klinik, um langsam auf eine eigene Praxis hinzuarbeiten. Schon mehrmals hatte mir die innere Stimme gesagt, dieser kleine Verdienst sei nur eine momentane Situation. Sie gab mir immer wieder Mut zu etwas Größerem.

Während dieser Zeit hatte ich eine Patientin, die aus freien Stücken tagtäglich zu mir in Behandlung kam. Meine finanzielle Situation war dank ihr fürs erste gesichert.

Damals bestand meine Praxis im Niederdorf nur aus einem Zimmer. Auf meinen Wunsch nach mehr Raum hin erklärte sie sich dazu bereit, in den Zeitungen nach freien Wohnungen zu suchen.

Ein paar Tage später gab sie mir telefonisch Bescheid, im »Zürcher Tagblatt« sei eine Wohnung in der Falkenstraße ausgeschrieben. Sofort meldete ich mich beim Hausbesitzer Hrn. H., wenn auch etwas hoffnungslos, war ich mir doch der großen Nachfrage nach dieser Wohnung bewußt. Herr H. fragte nochmal, ob ich Japaner sei und den Doktortitel habe. Als ich ihm beides bestätigte, meinte er: »Du chasch si scho näh.« (Schweizer Dialekt: Du kannst sie schon nehmen).

Übrigens stand die besagte Patientin in engem Kontakt mit C.G. Jung. Vor ihrem Tod gab sie mir einen Brief, den Jung ihr einst geschrieben hatte.

Eine weitere interessante Episode aus dieser Zeit: Als meine Frau Georgette in Erwartung unseres Kindes (Jacqueline) war, suchte ich eine größere Privatwohnung. Während eines damaligen Nachtdienstes in der Klinik fand ich in der »Neuen Zürcher Zeitung« eine Anzeige für eine 5½-Zimmer-Wohnung in Küsnacht.

Wie ich daraufhin erfuhr, gehört das betreffende Haus einer Dame, die trotz der damaligen Ära Schwarzenbach (Kampagne gegen Ausländer) sehr viel für Fremde übrig hatte. Tatsächlich war sie bereit, uns die Wohnung zu vermieten.

Und einmal mehr sollte die Synchronizität spielen: C.G. Jungs Zuhause befand sich nur gerade 500 Meter von unserer neuen Wohnung entfernt! Heute ist mir klar, damals von C.G. Jung inspiriert worden zu sein.

4. Das Studium am C.G. Jung-Institut

Zu dieser Zeit war ich bereits am C.G. Jung-Institut in Zürich immatrikuliert.

Mein erster Analytiker war Dr. Peter Walder, ein an Kinderlähmung erkrankter, äußerst liebenswerter und stets objektiv denkender Mensch.

Nach einjähriger Analyse meinte er, ich müßte mich unbedingt mit Marie-Louise von Franz treffen, obwohl er selbst ein Schüler Professor C. A. Meiers war. Er riet mir auch zum Studium tibetanischer Medizin, was ich zum damaligen Zeitpunkt noch nicht verstehen konnte.

Die tibetanische Medizin ist eigentlich eine Philosophie. Sie betont die enge Beziehung zwischen Universum und Mensch, d.h. zwischen Makro- und Mikrokosmos. Dabei gilt das Hauptaugenmerk dem Energiekörper (unserem Astralkörper, der Seele, im Unterschied zum anatomischen Körper).

Dazu tritt ein religiöser Aspekt: die spirituelle Idee, der Kontakt mit der Natur.

Jung hatte sich stets besonders für die umfassende tibetanische Medizin interessiert.

Gestützt auf die Jungsche Psychologie, versuche ich inzwischen, diese Idee auf die westliche Kultur zu übertragen.

Zur Zeit meiner Analysen hatte ich allerdings noch zu wenig Einblick in diese Zusammenhänge.

Dr. Walder dürfte eine Eingebung gehabt haben. Ein paar Tage später begegnete ich auf dem Flur des Instituts Marie-Louise von Franz zum ersten Mal. Ohne daß ich sie angesprochen hätte, fragte sie mich: »Are you Japanese?«, worauf ich die Gelegenheit ergriff und sie um einen Termin bat.

Von da an hatte ich regelmässig Kontakt mit ihr. In dieser Zeit beschäftigte ich mich mit Jungs »alchemical studies« (Studien über alchemistische Vorstellungen), wo ich auf den Begriff »ch'i« (s. Kapitel II) stieß. Mir wurde klar, daß Jung damit nicht nur die psychische, sondern auch die physische Seite des Menschen (»homo totus« – der ganzheitliche Mensch) umschrieb.

Hier wird einmal mehr klar, daß es zu einseitig ist und der Jungschen Idee nicht in ihrem ganzen Umfang entsprechen kann, wenn die Ratio-Jungianer nur die Psyche behandeln. Die körperliche Behandlung, die alleine wiederum zu einseitig ist, wird der Schulmedizin überlassen.

Die Seele schließlich bleibt bei diesen Einseitigkeiten ganz auf der Strecke.

Im Gegensatz dazu wird in der östlichen Lehre schon seit jeher von der Idee einer Einheit ausgegangen; Jung vertrat stets dieselbe Auffassung: Hierin liegt ein wichtiger Schlüssel zum Verständnis der Jungschen Psychologie.

Ich besprach mich mit Marie-Louise von Franz als engster Mitarbeiterin Jungs. Sie bestätigte mir, daß C.G. Jung, ein eigentlicher Forscher der Psyche, auch über den Zusammenhang von Psyche und Soma Forschungen angestellt hatte, daß ihm jedoch bis zu seinem Tode zu wenig Zeit dafür geblieben war. Sein Wunsch war es, daß seine Nachfolger weiter daran arbeiteten.

Im Vergleich zu der auch heute noch einseitigen Schulmedizin (nur Behandlung des Körpers) und Psychologie (nur Behandlung der Psyche) suchte Jung also bereits damals nach einer Vereinigung von Körper, Seele und Geist.

Die Schulmedizin riskiert durch Ausschluß der Seele ungenaue Diagnosen, eine falsche Therapie und unerfreuliche Prognosen.

Die Psychologie ihrerseits müßte sich ein Stück weit dem körperlichen Aspekt öffnen. Im Moment allerdings steht meine Bioenergie-Therapie noch alleine da mit der Aufgabe, den Patienten ganzheitlich zu behandeln, die Jungsche Idee weiterzuführen und sie zu komplettieren.

5. *Arbeiten in der »Katakombe«*

Nach 1978 arbeitete ich fast 13 Jahre lang versteckt, in der »Katakombe«. Niemand wollte damals etwas von meiner Tätigkeit wissen. Die Ratio-Jungianer waren sogar gegen mich und meine Behandlungsmethode. Viele glaubten, ich würde ein japanisches Verfahren anwenden. Auch verbreitete das Kuratorium falsche Informationen über mich.

Dabei hätte letzteres doch die Aufgabe, den Studenten zu unterstützen, ihm Hilfe zu leisten und ihn mit seiner Persönlichkeit zu akzeptieren.

So war ich nicht nur zum Opfer der Kirche, sondern auch des Kuratoriums geworden. Bei beiden Institutionen stieß ich auf dieselbe Enttäuschung, sozusagen auf eine doppelte Persönlichkeit: Lob und Schöntuerei nach aussen, Eifersucht und dasselbe Machtdenken hinterrücks.

Nicht selten dachte ich, das sei wohl mein Schicksal, bis dann eines Tages ...

In dieser Zeit fragte ich mich immer wieder, ob ich nach

Japan zurückkehren sollte, doch die innere Stimme brachte mich dazu, zu bleiben und durchzuhalten. So arbeitete ich weiter, nicht nur an der Gründung eines Instituts, sondern auch an mir selbst.

Ich bin der Überzeugung, daß der Mensch die vier Grundfunktionen Denken, Fühlen, Empfinden und Intuition in Harmonie bringen und am Individuationsprozeß, an seiner Selbstverwirklichung arbeiten muß. Das Selbst bezeichne ich als eine jedem Menschen eigene Heilkraft, die in Gang kommt; anfänglich hätte ich diesen Prozeß nur ungenau definieren können. Nach und nach lehrte mich aber die an mir selbst sowie an Patienten gemachte Erfahrung, daß das Selbst wirklich eine heilende Kraft und Medizin darstellt.

6. Persönliche Entwicklung

Auch ich selbst lebte früher sehr rationalistisch (Studium der Theologie und Philosophie) und mußte feststellen, daß meine Gefühle und meine Intuition sehr wenig differenziert waren.

Während der Zeit meiner Analysen realisierte ich, daß reiner Rationalismus zu einseitig ist, daß – wie Jung lehrte – der Mensch auch seine Emotionen und Gefühle integrieren muß, um zum »homo totus« zu werden.

Letzteres habe ich selbst besonders durch den Kontakt mit Menschen im Niederdorf durchlebt*; doch wurde ich dafür, und auch der längeren Haare wegen, oft kritisiert. Diese unliebsamen Hinweise in Bezug auf mein non-konformes Aussehen und Handeln gaben mir aber zusätzlichen inneren Ansporn.

Während dieser Zeit achtete ich auch intensiv auf meine Träume, was mir ermöglichte, den eigenen Individuations-

* vgl. erstes Buch: Shirahama, M. Dr., »Die Chi-Energie im Sinne von C.G. Jung«, Drei Eichen Verlag, 2. Auflage, Hammelburg, 1996

prozeß nachzuvollziehen. Daraus wurde mir klar, wie es um die Stärke des Egos und damit den Verlauf meines Individuationsprozesses stand.

In der Niederdorfer »Bodega Espagnola« (spanisches Weinlokal), wo ich zweimal wöchentlich hinging, traf ich auf viele einfach lebende Menschen (Künstler, Handwerker und Studenten), nicht aber auf Intellektuelle (Lehrer usw.), was für mich eine weitere Möglichkeit darstellte, im eigenen Individuationsprozeß voranzukommen.

Dies war eine sehr interessante Zeit, eine Zeit geistiger Inspiration, vor allem dank der Diskussionen mit diesen Leuten.

Die »Bodega Espagnola« war die beste Lebensschule für mich, besser als jedes Institut, besser sogar, als das C.G. Jung-Institut es hätte sein können ...

Meine Träume deutete ich weiterhin. Ich fühlte mich unbefangen, folgte keinem dogmatischen Denken, lebte in einer Situation ohne Druck, empfand Zufriedenheit und hatte zu mir gefunden, verspürte das Gefühl des »homo totus«. Das Unterbewußtsein war integrierend zum Ego getreten – kurz, ich hatte zu einem glücklichen Leben gefunden.

7. Eigene Erfahrungen mit der katholischen Kirche

Früher war ich nicht nur sehr stark auf die Theologie des Vatikan und die rationalistische Konzeption des Thomas von Aquin, sondern auch auf mein Ego fixiert; Phantasie kannte ich kaum. Auch meine Träume waren sehr rationalistisch.

Für die Kirche liegt die Wahrheit in der Ratio; Irrationales, auch sexuelle Phantasien stehen im Gegensatz dazu und werden daher für dämonisch erklärt.

Während der oben erwähnten, für mich sehr schwierigen Niederdorf-Zeit begab ich mich auf die Suche nach der mir noch fehlenden Phantasie. Meinen Kopf mußte ich gewissermaßen ausschalten und ablegen; dies bedeutete eine Umstellung um 180 Grad. Ich spürte aber eine große Menge an Energie in mir, die sich bis anhin ausschließlich auf das Mentale konzentriert hatte.

Nun trachtete ich nach einer Harmonisierung mit der anderen, der körperlichen Energie, besonders der sexuellen. Das menschliche Denken ist zwar wichtig, Gefühle jedoch ebenso. Ohne Gefühl bleibt der Mensch trocken und kalt.

So hatte ich einen innerlichen Kampf mit mir selbst auszutragen. Manchmal hätte ich beinahe die Hoffnung aufgegeben. Die Gespräche mit den Menschen im Niederdorf jedoch führten zu der ersehnten Harmonisierung.

Nach und nach brachten mich auch die Träume zu der Überzeugung, daß das Irrationale, entgegen den Behauptungen der Kirche, nichts Schmutziges ist. Bis dahin hatte mir die kirchliche Moral jegliche sexuelle Beziehung erschwert. Daraus mußte ein Konflikt zwischen zwei Realitäten entstehen, der kirchlichen und der weltlichen, was sich auch in den Träumen und deren kompensatorischer Funktion niederschlug.

Jeden Tag trug ich diesen Konflikt aus. Dazu kam der Mutterkomplex, der archetypische Mutterkomplex, der auf meine einstige enge Beziehung zur katholischen Kirche zurückging. Nachdem ich mich von ihr losgelöst hatte, kam ich mir vor wie ein Waisenkind, ohne Kraft, ohne Energie und völlig desorientiert.

Dennoch gebührt dem Vatikan ein großer Dank: für die Stärkung meines Egobewußtseins. Am Anfang meiner Loslösung rannte ich immer wieder gegen eine Wand an, empfand Schmerz. Dann erstarkte aber mein Wille zusehends, und ich fühlte mich besser. Wie immer brachte auch hierbei das Negative etwas Positives mit sich.

Obwohl ich mich in einer so miserablen Situation befand, ging ich nicht unter: ich hatte ja die mentale Energie.

Aus dieser schweren Erfahrung heraus wurde mir dann plötzlich klar, daß die menschliche Energie in eine von oben und eine von unten her kommende einzuteilen ist.

Bereits damals spürte ich eine gewisse Rotation der Energie in mir selbst. In diesem Moment lernte ich auch den Wert der Träume kennen und schätzen: sie führten mich zum eigenen Selbst.

Sehen konnte ich das Unterbewußtsein, wo eine quantitative Energie versteckt ist, natürlich nicht. Doch offenbarten mir die Träume meinen Schatten, und so kam es allmählich zu einer Aktivierung des Unterbewußtseins. Ich erkannte eine in uns vorhandene Urkraft, die nicht vom Kopf, sondern vom Bauch ausgeht.

Ein Individuationsprozeß ist nicht einfach. Ich mußte, wie erwähnt, den Kopf ausschalten, damit das in uns Sprudelnde von unten her an die Oberfläche gelangen konnte. Diese Lebenskraft hat mir dann aber geholfen, auch wenn viel Negatives, Obskures in meinem Schatten verborgen lag, das es zu integrieren galt.

Oft meinte ich, mein logisches Denken zunichte zu machen. Dabei hatte ich bis zu diesem Zeitpunkt bereits gelernt, zwischen Kopf und Gefühl genau zu differenzieren. Heute bin ich nicht mehr der typische Rationalist, und viele Leute würden nie auf den Gedanken kommen, daß ich jemals im Vatikan war.

So stellte die Suche nach dem eigenen Selbst einen harten und langen Kampf dar. Oft genug empfand ich das Leben als etwas äußerst Schwieriges. Doch zum Glück blieb ich optimistisch und wurde nie depressiv.

Ich war froh, aus der Kirche ausgetreten zu sein, mich von der Mutter Kirche gelöst zu haben, obwohl ich nun ohne Schutz und Halt dastand, die Verantwortung für mich selbst zu übernehmen hatte. Ich ging diesen schweren Weg, in der Überzeugung, meine Aufgabe erfüllen zu müssen, egal, was andere dachten oder sagten.

Ich glaubte immer an die Einheit mit Gott, doch das von unseren Priestern vertretene Denken ist utopisch. Das logische Denken muß den Eros respektieren und einbeziehen. In bin der Überzeugung, daß zuerst der Mensch radikal geändert werden muß.

Wie wir bereits gesehen haben, liegt unsere Einheit im Unterbewußtsein. Auch der Dominikaner Victor White schrieb in einem Buch, Gott sei im Unterbewußtsein zu finden.

Wenn nun aber, wie in der Kirche, Christus nur puritanisch, als von oben her wirkend angesehen wird, so muss das Unterbewußtsein als schmutzig gelten.

Wer demgegenüber Christus im Unterbewußtsein, im Instinkt, wer Christus in der sexuellen Kraft spürt, dessen Energie wird natürlich fließen. Wer dies nicht empfindet, bleibt verkrampft und in Tabus verhaftet.

So ist es heute das Ziel der Bioenergie-Therapie, den Patienten von seinen Blockaden zu befreien und den richtigen Energiefluß wieder herzustellen. Sonst kann es zu einer gesundheitlichen Stagnation kommen.

Soviel zur Erläuterung meiner Niederdorf-Zeit, wo es, wie gesagt, zur Aktivierung meiner Phantasie, zum Aufsprudeln meiner Lebensquelle kam. Ich vernahm die innere Stimme, die Stimme des Geistes, Gottes Stimme.

Als Rationalist hatte ich – um ehrlich zu sein – nie eine innere Stimme vernommen. Doch mit dem Bestreben, mein Gefühl zu aktivieren, meldete sich auch die innere Stimme.

Nun fühlte ich mich bereit zu kreativer Arbeit. Ich spürte eine Kreativität, nicht von oben, sondern von unten her aufsteigend. Meine Energie kam ins Rotieren. Endlich hatte ich die Bedeutung von Sokrates' »γνϖϕι σ'αυτὸν« (lat. »cognoscere se ipsum« – erkenne dich selbst) verstanden. Nun stand mir der Weg offen zu etwas Größerem.

8. Zusammenfassende Überlegungen

Rückblickend bin ich sehr froh, den schwierigen Prozeß – den nicht unbedingt jeder Mensch gleichermaßen durchmachen muß – bestanden zu haben. Ich glaube, für mich sagen zu können: Ich bin gesund. Das Jungsche Prinzip ist erfüllt: Selbstverwirklichung heißt Gesundsein – »ecce homo«!

Das einfache Essen, in Gemeinsamkeit mit den anderen Gästen der »bodega espagnola« eingenommen, war für mich sehr wichtig. Dabei wurde diskutiert, unakademisch. Es ging um ein Anteilnehmen, um eine »participation mystique«*

Die Erfahrungen im Niederdorf, die Analysen mit Dr. Peter Walder, die Traumdeutung, das Beobachten der Phantasie: all dies war in meinem Falle nötig und hat glücklicherweise zum Erfolg geführt – der Kampf hat sich gelohnt!

Daß alle Menschen die Suche nach ihrem Unterbewußtsein aufnehmen, kann ich nicht verlangen; aber schön wäre es, wenn jeder nach dem »homo totus« strebte! Eine große Aufgabe des Menschen besteht in der Umwandlung von der materia prima in die materia secunda. Erstere bedeutet Dunkelheit (Kampf mit dem Unterbewußtsein, mit den Komplexen). Doch dann erscheint langsam ein Licht, das aus dieser Dunkelheit herausführt; Hoffnung kommt auf.

Damit war die Basis für meine spätere Bioenergie-Therapie gelegt, gestützt auf die Erkenntnis, daß die Energie nicht von oben, sondern vom Boden her, aus der Mutter Erde kommt; über die Chakras steigt der Energiefluß auf und bewirkt dadurch den Transformationsprozeß.

Die Gesundheit kommt also von unten her. Allmählich stellt sich eine Harmonie ein; zusammen mit dem Geist

* Nach LEYY-BRUHL: Die verschiedenen Dinge haben in geheimnisvoller Weise aneinander Anteil, was durch in ihnen wirksame Kräfte bewirkt wird.

kommt es dann zur universellen Energie – zum »homo totus«. Andernfalls können Neurosen und daraufhin organische Krankheiten auftreten.

Dieses Konzept steht natürlich im Widerspruch zum christlichen Glauben und zur Kirche. Für sie zählt lediglich Spirituelles und aufopfernde Liebe. Der Eros und mit ihm die Transformation durch die instinktive Liebe aus der Mutter Erde stehen im Gegensatz zu ihrer Auffassung.

Auch das Christentum propagiert eine Transformation, doch lediglich eine oberflächliche. Jung seinerseits spricht von alchemistischer Transformation. Für ihn bedeutet Selbstverwirklichung: Realisierung von Christus, Realisierung des Selbst, des Tao.

Dieser fast naturwissenschaftliche Prozeß hat in der Jungschen Psychologie den Vorrang. Fließt die Energie von oben her nach unten, so bleibt der Mensch ein Lebewesen ohne Körper. Dagegen ist die Transformation von unten her etwas Wunderbares. Wer den Eros, das sexuelle Gefühl nicht verstanden hat, der hat das Konzept Mensch nicht verstanden.

Für Jung bedeutete die Realisierung des Selbst eine umfassende Vereinigung. Körper und Seele müssen vereint sein, dann, und nur dann stellt sich auch der gute Geist ein. Die Kirche berücksichtigt lediglich den Geist, vernachlässigt dabei aber den Körper und damit das Gefühl.

Jung erkannte den die Kultur seit über 200 Jahren prägenden Dualismus (vgl. Descartes' »cogito ergo sum« – Ich denke, also bin ich), das rein rationalistische Denken. Dem stellte er sich entschieden entgegen und integrierte das Irrationale.

In der westlichen Welt haben das Denken und die sich daraus ergebenden Konsequenzen Priorität; dies hat sich auch in der modernen Schulmedizin niedergeschlagen; alles, was außerhalb der Ratio liegt, bleibt unberücksichtigt.

Der Internist und Herzspezialist Professor Nager

schreibt in einem Zeitungsinterview dazu: »Die Krise der Medizin ergibt sich aus ihrer Einseitigkeit.«[14]

Als akzeptabel gilt alles Beweisbare, Sichtbare. Unsichtbares, die Energie z.B., wird verdrängt. Die Kirche, um auf sie zurückzukommen, hat Angst vor dem Begriff »Gefühl«. Um so schwieriger wird es dann für den Menschen, die Irrationalität zu verstehen. Ich würde das christliche Denken als Illusion bezeichnen. Jungs Ziel bestand darin, westliches mit östlichem Denken zu vereinen.

Mit all diesen Überlegungen dürfte nun der Grundstein zum Verständnis der Bioenergie-Therapie gelegt sein.

B) Worauf basiert die eigentliche Bioenergie-Therapie?

1. Die Bioenergie-Therapie und was sie umfaßt

Ziel und Zweck der Behandlung ist es, Körper, Seele und Geist in Einheit zu bringen. Patienten kommen mit Schmerzen; die Therapie bringt ihnen die Einheit und damit die Heilung.

Eine Krankheit nimmt ihren Anfang in der Seele, z.B. zurückgehend auf einen Schock, der sich später im Körper manifestiert (Polyarthritis, Rheuma). Natürlich schließt die Behandlung auch eine verbale Therapie mitein.

Meiner Auffassung nach braucht der Energiekörper zweierlei: Die seelische, psychische, verbale Therapie einerseits und den körperlichen Kontakt, sprich die Bioenergie-Therapie, andererseits.

Eine Heilung, das Erreichen des »homo totus« setzt beides voraus. So läßt sich beispielsweise eine Depression durch Körpertherapie heilen, d.h. durch den körperlich übermittelten Kontakt von Seele zu Seele. Eine Psychotherapie allein würde keinen Erfolg bringen, ebenso wenig wie eine reine pharmazeutische Therapie.

Nehmen wir ein Fallbeispiel: Eine Patientin litt unter starken Schmerzen aufgrund ihrer Polyarthritis. Ich fragte sie nach Vorkommnissen in der Vergangenheit. Prompt erzählte sie mir von einem Schockerlebnis, dessen sie sich aber nicht bewußt geworden war.

Da ich zu dieser Zeit nur zwei Zimmer hatte, behandelte ich jeweils eine halbe Stunde in einem Raum, während der bereits behandelte Patient 30 Minuten im anderen Zimmer ruhte.

Eine halbe Stunde später, nach ihrer Ruhepause also, sagte mir die betreffende Patientin, sie verstehe jetzt: Ihre Mutter hatte Selbstmord begangen. Daraufhin war sie zuerst in eine Depression verfallen. Danach hatte sie bewußt versucht, alles zu vergessen; darauf reagierte der Körper einige Jahre später mit Polyarthritis.

Im Anschluß an meine Bioenergie-Therapie begannen sich ihre Blockaden allmählich zu lösen. Nach weiteren zwei bis drei Behandlungen war auch diese Patientin schmerzfrei.

Liegt hier nicht der Beweis vor, welch wichtigen, selbständigen Faktor der Energiekörper darstellt und wie er sich bei nicht erfolgter Behandlung auswirken kann? Wenn sich im Unterbewußtsein Schlechtes anstaut, manifestiert sich dies alsbald im Körper.

Daher zielt die Jungsche Psychologie mit Hilfe der Traumdeutung darauf ab, das Unbewußte bewußt zu machen, denn Träume sind eigentlich nichts anderes als eine unbewußte Stimme, die durch durch Symbole verschlüsselt ist.

So hat auch der Körper seine eigene Stimme. Dies darf nicht vergessen werden, wie es bei manchen Jungianern allerdings der Fall zu sein scheint.

Lange Zeit habe ich so in der Forschung gearbeitet, verschiedene Krankheiten und deren unterschiedliche Heilungsprozesse untersucht und an meinen Patienten beobachtet.

2. Freier Wille und geistige Präsenz

Meine Therapie stützt sich, wie wir in diesem Kapitel noch sehen werden, auf die geistige Präsenz, die eigentliche Basis der menschlichen Existenz. Wenn der Mensch in Harmonie leben soll, so bedarf es nicht nur einer Einheit von Körper und Seele, sondern auch der Vereinigung mit dem Geist.

Dabei kann jeder Mensch aufgrund seines freien Willens selbst entscheiden, ob er einen guten oder einen schlechten Geist annimmt!

Der freie Wille ist ein dem Menschen eigenes Charakteristikum, das ihn vom Tier und den Pflanzen unterscheidet. Dies kommt einer prädestinierten Stellung, einem Privileg gleich – einem wundersamen Geschenk Gottes, das uns die Möglichkeit zu einem schönen Leben gibt.

Der gute bzw. der schlechte Wille stellt also eine menschliche Disposition dar. Ein guter Geist kommt Gott gleich, ein schlechter einem Dämon.

Wiederum aus eigener Erfahrung möchte ich hier das Beispiel einer Frau anfügen, die nahezu immer von einem schlechten Geist begleitet wurde; dementsprechend war auch ihr Umfeld dunkel. Eines Tages, dank ihres guten Willens, ›ja‹ zum Guten zu sagen, dank ihrer Disposition gelang es ihr, auf einen guten Weg zu gelangen: heute wohnt sie in einer Wohnung in der Schutzengel-Strasse! . . .

Der freie Wille ist eine Chance zur Besserung.

Ein anderes Beispiel: Ist es ein reiner Zufall, daß dieselbe Frau, heute übrigens Kandidatin am Institut, ihr Portemonnaie in einem Café mit Namen »Himmel« verloren und es am nächsten Tag zurückerhalten hat, mit komplettem Inhalt, versteht sich?

Als sie zu mir in die Praxis kam, ging es ihr ziemlich schlecht. Sie erkannte aber die eigene Kraft, schöpfte die eigenen Möglichkeiten und Fähigkeiten zu einer Besserung in sich aus und setzte ihren freien Willen ein.

Hätte sie nicht ihr positives Denken in den Vordergrund gerückt und, anders als dies heute so viele Menschen tun, das negative zurückstellt, so hätte ihr freier Wille nicht zu einem erfolgreichen Resultat geführt.

Dasselbe gilt in der Liebe: Wahre Liebe ist nur dann möglich, wenn sie auf freiem Willen beruht; mechanische Liebe kann niemals gleich tiefgründig sein.

Ein Sprichwort sagt: »Take time to love and to be loved. It is the privilege of God.« (Nimm dir Zeit zu lieben und geliebt zu werden. Es ist Gottes Privileg.)

Erst jetzt kann die Energie frei fließen. Die Probleme also rühren nicht von Gott, sondern vom Menschen und seiner eigenen Entscheidung her.

Kommen wir nun zum geistigen Aspekt in der Bioenergie-Therapie:

Ein französisches Medium hat mir einmal erzählt, daß ich die heutigen Patienten bereits von früher her kennen würde. Denn damals hätte ich in Peru bei den Inka-Indianern als Medizinmann, Priester und Schamane gewirkt und dieselben Menschen bereits behandelt. Sie waren mir auch heute ausnahmslos und auf Anhieb sehr sympathisch. So sind die Inkas zu meinen geistigen Führern geworden.

In der Tat habe ich bei der Behandlung von äußerst intuitiven und gefühlsstarken Patienten in meiner Praxis ganz deutlich erlebt, daß nicht ich der Behandelnde war, sondern die Inka-Indianer!

In diesem Zusammenhang erinnere ich mich oft an meine Vatikan-Zeit und die dort gemachten Erfahrungen: Christus war Schamane. Das Böse betrachtete er als schlechten Geist. Er war voller Liebe, die er an jeden Menschen als solchen, ungeachtet dessen Herkunft und Lebensweise, weitergab.

Als Beispiel sei Maria Magdalena genannt, die man aus heutiger Sicht als Straßenmädchen, als Sünderin also, bezeichnen würde, der Christus aber erst recht, aus Mitgefühl, seine Liebe geschenkt hat. Hier finden wir das, was sich im Gegensatz zu beschränkten selektiven Gefühlen kosmische Liebe nennt.

Christus behandelte Körper und Seele; er stellte den »homo cosmicus« dar. Eine Bioenergie-Therapeutin sollte sich ihn zum Vorbild nehmen. Man könnte demnach sagen, daß jeder unserer Behandelnden ein Schamane bzw. eine Schamanin sein müßte.

Gestatten Sie mir übrigens, im folgenden hinsichtlich der Begriffe »Therapeut« und »Kandidat« fast ausschließlich die weiblichen Formen zu benutzen: der Einfachheit halber, versteht sich; aber auch, da es im Moment vor allem Damen sind, welche die Ausbildung genießen.

Der Grund dafür besteht darin, daß Frauen im allgemeinen gefühlsmäßig weiter sind als Männer. Dies ist wohl auf die Erziehung zurückzuführen: Jungen werden immer noch stärker auf die Ratio ausgerichtet, während bei Mädchen mehr Gewicht auf den Eros gelegt wird. Männern fällt es daher in der Regel schwerer, die Bioenergie zu verstehen.

Das »New Age« oder »Wassermannzeitalter« führt uns an eine ganzheitliche Dimension heran, die sich nur mit dem Gefühl verstehen läßt. Und darin haben es die Frauen, wie gesagt, einfacher.

Die Herkunft, die Nationalität einer Therapeutin spielt dabei keine Rolle. Bis jetzt hat auch mich niemand danach gefragt. Wahrscheinlich kommt nach außen hin zum Ausdruck, daß ich innerlich in erster Linie den Schamanen verkörpere. Für das Überwiegen des kosmopolitischen

Aspekts bin ich außerordentlich dankbar. Übrigens ist auch mein Patientenkreis sehr international.

Manchmal denke ich »I am not I – I am in Him«*. Ein gewisses egoistisches Denken nach außen hin braucht jeder Mensch. In unserem Falle gilt es dann aber, die geistige Führung zu respektieren, denn dieser Geist unterstützt die Therapeutin, was sich wiederum auf den Patienten überträgt. Man könnte auch sagen: Gott hilft.

Aus dieser Erfahrung heraus sage ich meinen Lernenden: Du hast gute Arbeit geleistet, aber eigentlich ist es nicht deine Arbeit, sondern die deines Schutzgeistes.

Die Therapeutin muß stets darauf achten, mit dem Geist zusammenzuarbeiten, hat doch das psychologische Umfeld eine ebenso heilende Wirkung wie die Therapie selbst.

In einer solchen Atmosphäre lassen sich die Patienten sehr gerne behandeln: Wo der Geist zugegen ist, herrscht Wärme und Geborgenheit.

Hierbei tritt erneut ein klarer Unterschied zur klassischen Medizin zutage: Während diese technisch zu heilen versucht, basiert die Bioenergie auf dem großen Herzen der Therapeutin und der Unterstützung durch den Geist.

Auch in der Kirche gibt es diesen spirituellen Geist. Jeder Mensch braucht eine Führung. Fehlt diese, so spricht man im Katholizismus vom Gläubigen als dem »verlorenen Schaf«.

Ein Beispiel geistiger Führung stellt der Christus-Pastor dar. Als Hirte kommt diesem die Aufgabe zu, die Schafe zu führen. Christen, die mit dem »padre spirituale« in Kontakt stehen, sind weniger krank, während die verlorenen Schafe ziel- und interesselos leben. So ist der spirituelle Vater nicht nur eine Hilfe und Stütze in geistiger, sondern auch in gesundheitlicher Hinsicht. Er ist die zentrale Figur in der christlichen Gemeinde, in der Art eines Don Camillo.

---

* etwa: Ich bin nicht ich, sondern ein Teil seiner

Vergessen wir die »madre spirituale« nicht, die um die Entwicklung des einzelnen besorgt ist.

In Klöstern und Konventen z.B. war die Oberin die Vertreterin der »madre spirituale«. Sie war für alle Nonnen da, die sie in einer bestimmten Frage aufsuchten.

Aber auch außerhalb des Konvents ist sie für die Frauen eine Symbolfigur.

Wie ist es zu begründen, daß gerade diese Vertreterinnen der Großen Mutter als so offene Helferinnen nicht die Möglichkeit haben sollen, ein Priesteramt zu bekleiden, wie dies leider heute immer noch der Fall ist?

Womöglich ist dieser Dogmatismus ein Grund mehr, weshalb heute, wie an anderer Stelle bereits erwähnt, immer mehr Menschen ihren religiösen Glauben verlieren. Viele suchen ihren Halt anderswo, die Frage ist nur, wo.

Eine geistige Stütze zu haben ist von größter Wichtigkeit. Daß dabei aber auch Vorsicht geboten ist, möchte ich anhand eines Beispiels aus eigener Erfahrung erläutern:

Denken wir einmal an Frauen, deren »animus« äußerst stark zum Ausdruck kommt; in diesem Falle sind sie sehr auf das Intellektuelle ausgerichtet. In der Jungschen Psychologie spricht man dann von einer sog. »animus-Besetzung«.

Letzteres treffen wir z.B. nicht selten bei Ratio-Jungianerinnen an; ihr Auftreten und ihre Kleidung gleicht oft dem eines Mannes. Gefühle haben sie kaum mehr. Ihre Erziehung hin zum Logos, hin zur Welt der Männer, in Anlehnung an die Freudsche Psychologie, hat sie dahingehend geprägt.

Nicht selten gibt es auch Frauen, die, wenn sie sich ihres Problems zu wenig bewußt sind, schnell aggressiv werden und sich der männlichen Welt entgegenstellen, indem sie sich dem Feminismus verschreiben und Konflikte heraufbeschwören.

Dabei sollte eine Frau in erster Linie und zuerst einmal

Frau sein und ihre Emotionen leben. Jung hat in seiner weiblichen Psychologie immer diesen Standpunkt vertreten.

Kommt noch ein negativer Mutterkomplex hinzu, so geht das Gefühl für die Verbundenheit mit dem Boden, mit der Realität gänzlich verloren.

Die in solchen Fällen häufig unternommenen Psychoanalysen wären nicht notwendig, wenn sich diese Frauen selbst ihrer Gefühle wieder bewußt würden und diese mit dem Ego integrieren könnten. Vielmehr kommt es bei einer psychologischen Analyse oftmals zu paradoxen Reaktionen; nicht selten werden die Patientinnen durch die Behandlung manipuliert, nicht aber zu ihrer Weiblichkeit zurückgeführt.

Hier ist Vorsicht geboten; für die Frauen selbst heißt es ganz einfach, zu ihren Gefühlen zu stehen und ihre Kreativität auszuleben.

Frauen und Männer sind nun einmal verschieden. Etwas anderes zu behaupten hieße, sich der Schöpfung entgegenzustellen. Es hat seinen Grund, daß Gott zwei verschiedene Wesen kreiert hat. Wir müssen den natürlichen Prozeß respektieren. Yin und Yang sollen sich nicht dadurch gegenseitig aufheben, daß sich das eine dem anderen angleicht.

3. Die Aufgabe der Bioenergie-Therapie heute

Nachdem nun, wie wir gesehen haben, die klassischen Institutionen dem einzelnen keine Stütze mehr bieten, kann die Bioenergie-Therapie diese Funktion übernehmen. Sie ließe sich auch als eine Art »Second-hand-shop« bezeichnen, so als ob darin die kirchlichen Ideen einerseits und die schulmedizinischen andererseits reingewaschen und wieder aufgefrischt würden. Zudem ist diese »Medizin«, dieser Halt sogar steuerfrei zu haben!

Die Bioenergie bringt den Menschen auf den Weg in die

richtige Richtung, führt sie ihn doch hin zum natürlichen Credo, zum Spirituellen.

Im Christentum ist viel von Liebe die Rede. Gemeint ist aber nicht der Eros, die instinktive Liebe, ohne den geistige Liebe gar nicht möglich ist; es handelt sich lediglich um Agape, die rein spirituelle Liebe als Konsequenz der »Imitatio Christi«. Diese kann aber wiederum nur »second-hand« sein, weil sie einzig auf der Ratio beruht, und nichts mit ganzheitlicher Liebe zu tun.

In der Kirche ist das deduktive, logische, kartesianische Denken vorherrschend, vergleichbar mit einer mathematischen Lösungsfindung. Ein irrationaler Weg würde nicht akzeptiert. Alles wird kategorisiert, was z.B. in der Beschränkung auf die Agape ersichtlich wird.

Im Gegensatz dazu arbeitet die Naturwissenschaft mit einer induktiven Methode, stützt sich ab auf die Materie, die ihre Basis wiederum in der Mutter Erde findet. Der archetypische Hintergrund ist sehr stark. Gedacht wird vom Unbewußten ausgehend; zwei und zwei kann durchaus auch einmal fünf ergeben.

Liebe ist die Essenz des menschlichen Lebens; in diesem Punkt gehe ich mit der Kirche einig. Nur meint sie damit nicht die natürliche, steuerfreie Liebe, sondern ein aufgedrängtes dogmatisches Denken.

Damit will ich nicht behaupten, daß das Christentum nicht mehr lebt, doch es muß neu, moderner interpretiert werden. Dies erachte ich als eine Aufgabe der Bioenergie-Therapie. Als Philosoph und Theologe stehe ich dem Glauben nicht gleichgültig gegenüber; innerhalb meiner Inspiration habe ich ihn aber von einer anderen Seite her kennengelernt, gestützt auf den Schamanismus, basierend auf dem Austausch von Energie.

Allumfassende Liebe kann nur aus dem Individuationsprozeß heraus erwachsen. Darauf steuert mein Institut zu. Ziel ist es, dem Menschen Harmonie zu schenken, ihn glücklich zu machen, Körper, Seele und Geist eins werden zu lassen.

Soweit die Basis der Bioenergie-Therapie, einer neuen, meiner Inspiration zu verdankenden Errungenschaft.

Ich darf sagen, daß alle Patienten, die bis jetzt zu uns gekommen sind, eine Veränderung verspürt haben. Gründe für gesundheitliche Beschwerden gibt es unzählige: psychische Konflikte, Sorgen, Medikamente, schlechte Ernährung, Drogenprobleme. Wer damit zu kämpfen hat, ist nicht mehr er selbst, sondern gewissermaßen besessen von etwas Dämonischem und krank.

Deshalb sagen wir, jede Krankheit beginnt in der Seele. Bei gravierenden Problemen müßte die Bioenergie-Therapie so schnell wie möglich einsetzen können. Der Moment für schamanistische Hilfe ist gekommen, denn die einzige Möglichkeit zur Abhilfe sehe ich in einem solchen Falle nur noch in der Harmonisierung der Energie; Ziel ist es, das Chakrasystem, das von einem schlechten Geist gestört wird, wieder ins Gleichgewicht zu bringen.

Die Energie ist vergleichbar mit einer Quelle, die von unten her bis in den Kopf sprudeln muß. So ist es das Ziel der Therapie, die Energie von der Intensität her so zu aktivieren, daß sie sich bis hinauf zum Kopf ausbreiten kann.

Die Erklärung des Systems, auf dem meine Behandlung beruht, konnte ich bis jetzt nicht öffentlich vorbringen – die innere Stimme hatte mir zur Zeit der versteckten Arbeit stets zu Zurückhaltung geraten.

Ich bin der erste, der dieses System als Therapieform anwendet; anders als etwa Yoga schöpft meine Behandlung ihre Heilkraft nicht aus einer bestimmten Atemtechnik.

Doch nun ist es möglich und an der Zeit, näher auf die Therapiemethode und deren Grundlagen einzugehen.

4. Das Chakra-Prinzip und dessen Bedeutung in der Therapie

Während in den Veden ein Chakra mit einem Rad verglichen wird, entspricht es in meiner Vorstellung, aus meiner Erfahrung mit der Bioenergie-Therapie heraus eher einer elastischen, flexiblen Kugel und bildet eines unserer Energiezentren, die ihrerseits gleichzusetzen sind mit dem Energiekörper.

Jedes Chakra kann sowohl von vorne als auch von hinten her erfühlt werden.

Da die moderne Medizin den Energiekörper nicht in die Behandlung einbezieht, findet sie auch oft keine Krankheitsursache. Dabei ist die Störung in vielen Fällen primär auf eine Desorientiertheit des Energiekörpers, also auf ein Ungleichgewicht im Chakrasystem zurückzuführen, was sich alsdann in einer körperlichen Krankheit äußert.

Die Chakras befinden sich auf der Wirbelsäule und entsprechen, wie gesagt, unseren Energiezentren, umgeben von den Nadis; so nennen die Indianer unsere Nervenstränge.

Für mich und meine Therapie stehen vor allem sieben, auf der Wirbelsäule gelegene Zentren im Vordergrund, wie wir später noch sehen werden. (s. Kapitel V)

Sind die Zentren aktiviert, so wird die Energie in der Wirbelsäule sehr stark und gelangt von hier aus nun auch in die umliegenden Zonen.

Dem Menschen geben die Chakras Lebensenergie. Gleichzeitig sind sie der Weg zur Erfüllung von Wünschen. Auch bei psychischen Problemen sind sie ausschlaggebend.

Durch anhaltende Probleme und Sorgen kann es zu Blockaden in den Chakras kommen, insbesondere im Bereich des Herzchakras.

Wenn die Energie nicht fließt, bleibt so etwas wie schmutziges Wasser im Körper zurück.

Alle Chakras müssen zuerst frei sein. Erst dann gelangt die Energie zum Schwachpunkt des Patienten.

Ganz allgemein ist es bei jedem Patienten das Wichtigste, diese elastischen Kugeln zu aktivieren, denn blockierte Chakras können nicht nur psychische Probleme und Lustlosigkeit auslösen, sondern auch Erkrankungen wie Diabetes oder Stoffwechselstörungen; unter Berücksichtigung gewisser Voraussetzungen besteht aber in den allermeisten Fällen Aussicht auf Heilung:

So ist es z.B. wichtig, daß der Patient sich nicht verkrampft.

Sehr viel Geduld und Zeit auf ihrem Weg zur Heilung brauchen Patienten, die bereits eine psychiatrische Behandlung hinter sich haben.

Von größter Wichtigkeit ist schließlich, daß die Patienten bereit sind, die Medikamente abzusetzen. Ihr Solarplexus ist aufgrund der Toxifikation völlig blockiert. Wenn die Therapeutin dies feststellt, muß sie allerdings zuerst der Frage nachgehen, ob der Patient wirklich viele Medikamente einzunehmen hat oder ob vielleicht psychische Probleme vorherrschen.

Zwar können die Reaktionen auf die Therapie gerade bei Absetzung der Medikamente im ersten Moment sehr heftig sein; doch ohne diesen Tribut kann keine Heilung eintreten.

Natürlich soll der Patient weiterhin auf seinen Arzt hören; im Vordergrund steht aber das Ziel, den Energiekörper in Harmonie zu bringen.

Nehmen wir dazu erneut ein Beispiel aus der Praxis:

Eine Patientin kam mit ihrem Polyarthritisleiden zu mir. Auf meine Frage hin, wer ihr die Adresse gegeben habe, nannte sie mir ihre Ärztin als Referenz.

Ich stellte eine hohe Toxifikation ihres Körpers fest, was eine Behandlung bei mir im Moment wirkungslos gemacht hätte. Deshalb schickte ich sie vorerst wieder nach Hause und nahm Kontakt mit der Hausärztin auf. Diese erzählte mir dann, daß die betreffende Patientin jedesmal mit einem anderen Symptom zu ihr in die Praxis komme, so daß sie gezwungen sei, ihr immer wieder etwas anderes zu verschreiben. Dies entgegen ihrer persönlichen Abneigung als Ärztin gegen Medikamente und ihrem Bestreben, mit natürlichen Mitteln zu heilen.

Ältere Patienten denken nicht selten, wohl aufgrund ihrer Erziehung und daher verständlicherweise, ein Arzt sei nur dann gut, wenn er auch Medikamente verschreibe. Für sie kommt der Glaube daran noch fast einem Dogma gleich. Die Hoffnung auf Hilfe wird einzig und allein und ohne zu überlegen, ohne Gefühl auf den Arzt im weißen Kittel, einen für sie inkarnierten Gott, gesetzt. – Eine für andersdenkende Mediziner äußerst schwierige Situation.

Dabei gilt es heute mehr denn je, realistisch zu sein: Die wahre Heilung kann nur von innen heraus kommen, der Patient muß das eigene Selbst, muß seine eigene Heilkraft erspüren.

Aus diesem Grunde kommt der Bioenergie heutzutage eine derart große Bedeutung zu. Das Wichtigste und der richtige, von mir angestrebte Weg ist die Zusammenarbeit mit der Schulmedizin. Schließlich studiert ja auch meine Tochter Medizin . . .

Doch Spaß beiseite. – Die Arbeitsbereiche wären klar: Der Arzt behandelt weiterhin den Körper, ich aktiviere die Energiezentren, bringe den Energiekörper ins Gleichgewicht, behandle also die Seele, ohne den ärztlichen Kompetenzbereich zu verletzen.

Wichtig ist die Inkorporierung der Seele, eine ganzheitliche Behandlung, wie dies in der asiatischen Medizin schon immer praktiziert wurde. Die chinesische Medizin z.B. setzt seit jeher Homöopathie ein; Energiekörper und körperliche Symptome werden gleichzeitig in Betracht gezogen. In Notfällen, bei infektiösen Erkrankungen jedoch wird auch dort auf die klassische Medizin zurückgegriffen; in einem solchen Fall müssen Medikamente eingesetzt werden – bleiben wir realistisch!

Es ist nicht das Ziel, die Wissenschaft zu ignorieren und die technischen Fortschritte nichtig zu machen; vielmehr muß jede Idee zu ihrer Zeit, zur Weiterentwicklung und zum Wohlergehen der Menschheit, vor allem aber zum eigentlichen Zweck eingesetzt werden – das entspricht philosophischem Denken, das ist gleichzeitig im Sinne Gottes. Im freien Willen des Menschen liegt es lediglich, zum richtigen Zeitpunkt die richtige Entscheidung zu treffen.

Kommen wir nun aber zurück zur Therapie. Bei allen Patienten wird primär dasselbe Ziel verfolgt: die Ermöglichung des freien Energieflusses, worauf sich das wohlige Gefühl einer überall präsenten und wärmenden Energie einstellt.

Zu Beginn kann der Energiestrom eines Patienten recht gering sein; um so länger braucht in diesem Falle der Heilungsprozeß. Nach wiederholter Behandlung wird jedoch immer deutlicher ein Wärmegefühl feststellbar. Die Gesundung kann sehr schnell einsetzen, wenn sich der Energiestrom verstärkt als Reaktion auf eine gezielte Polarisierung, d.h. das Zusammenführen von Negativ und Positiv, von Yin und Yang, um diese dann im ganzen Körper wieder ins Rotieren zu bringen.

Auch für die Therapeutin gilt es, spezielle Regeln einzuhalten und z.T. besonders achtsam vorzugehen. Wenn ein Patient beispielsweise über Magenprobleme klagt, darf die Behandlung nicht durch zu starkes Drücken erfolgen. Die Magen- und Bauchgegend fühlt sich kalt an und braucht längere Zeit, um zu erwärmen. Ist letzteres dann aber der Fall, so ist dies ein Zeichen von besserem Energiefluß.

Bei sehr sensiblem Solarplexus, überhaupt bei einer Unsicherheit oder bei Verdacht auf organischen Schaden sollte die Behandlung auf dem Rücken, nicht auf dem Bauch erfolgen. So verteilt sich der Energiefluß von hinten aus nach vorne, und die Reaktion tritt langsam, allmählich ein. Schon rein menschlich gesehen sollen keine zusätzlichen Schmerzen ausgelöst werden.

Überhaupt muß ich zugeben, daß beschädigte Organe besser vom Schulmediziner behandelt werden.

Wie mir die Erfahrung zeigt – es wurde eingangs angesprochen – ist nebst dem Herzchakra besonders dem Wurzelchakra Aufmerksamkeit zu schenken: Aufgrund der vor allem in der Kirche verbreiteten Tabuisierung unserer Gefühle und der Sexualität ist dieses Chakra oft blockiert; der Mensch wird zu Supranaturalität angehalten, kann nicht ehrlich zu seinen Gefühlen stehen, wird unsicher in seinem Verhalten.

Bei dem Begriff »Supranaturalität« handelt es sich um einen eigentlich kirchlichen Begriff; gemeint ist, was über der Natur steht: für die Kirche die Ratio, für Jung jedoch die kosmische Kraft, die Lebenskraft.

Um Jungs Individuationsprozeß zu durchleben, um Gottes Schöpfung zu folgen, müssen wir unserem Instinkt, der Sexualität nachleben und ungeschminkt zu unserer Natürlichkeit stehen können.

Mit all diesen Ausführungen dürfte deutlich geworden sein, wie wichtig die Einfühlsamkeit der Behandelnden ist. Ein zwischenmenschlicher Kontakt ist nicht phänomenologischer Art, sondern beruht auf archetypischen Konstellationen. Zufälle gibt es keine. Zwischen der Therapeutin und dem Patienten sollte eine synchronistische Atmosphäre herrschen.

5. *Die Entwicklung des Menschen in der westlichen Welt*

Bei alledem darf man nicht außer Acht lassen, daß der Mensch sich entwickelt. So ist ein Europäer, wie er vor 150 oder 100 Jahren lebte, nicht vergleichbar mit einem heutigen Menschen dieses Erdteils. Moderne Medizin und Kirche vergessen die menschliche Evolution.

Vergleichen wir auch die Krankheiten von früher und heute: Während in früherer Zeit vor allem die Pest, Cholera etc. grassierten, sind die Krankheitssymptome heute auf ein psychisches Ungleichgewicht zurückzuführen.

Eine Krankheit wurzelt also nicht mehr in Infektionen, sondern darin, daß Körper, Seele und Geist keine Einheit bilden. Medikamente sind daher zur Heilung nicht nötig. Dennoch werden bei Erkältung oder Grippe sofort Antibiotika verschrieben.

Dabei rührt die Krankheit von der Psyche her. Dies ist der wichtige Punkt, den es zu verstehen und beachten gilt. Das häufige Zuviel an Medikamenten nützt nichts. Im Gegenteil: Der Krankheitsverlauf kann äußerst negativ sein.

Da das Immunsystem vieler Menschen sehr schwach ist, gerät bei der Einnahme von Kortison, Antibiotika usw. der Energiefluß ins Stocken, die Diskrepanz wird immer größer, das Immunsystem noch schwächer, die Aussicht auf Heilung stets geringer.

Die Krankheiten von heute sind also – anders als diejenigen von vor 100 Jahren – oft auf eine Desorientiertheit der Menschen zurückzuführen. Ciba Geigy oder La Roche können in erster Linie noch bestehen, weil die Menschen in Südamerika oder Afrika an den Krankheiten leiden, die vor 100 Jahren bei uns auftraten.

Auf die Kirche trifft genau dasselbe zu. Vor 50 Jahren waren die Christen sehr gehorsam; der Gläubige hatte sich noch nicht entwickelt. Er brauchte Hilfe, Führung.

Heutzutage ist der Mensch selbständig und unabhängig. Jung hat schon vor vielen Jahren festgestellt, daß das Individuum seine Kirche nicht außen, sondern in sich selbst finde. Daher treten heute auch so viele Menschen aus der Kirche aus.

Etliche befinden sich noch in einer Übergangsphase

(Transitsituation) und nehmen auf der Suche nach dem geistigen Credo Zuflucht bei Sekten usw. Sie haben noch nicht zu ihrem eigenen Selbst gefunden. Ihre Unruhe muß kompensiert werden.

Nehmen wir als konkretes Beispiel Ex-Jugoslawien: Kroatien ist katholisch, Bosnien muslimisch, Serbien russisch-orthodox. Immer noch sind diese Gebiete in die kirchliche Macht eingebunden; noch sind sie nicht eigenständig, befinden sich vielmehr in Unruhe, haben noch nicht zu ihrer inneren Kirche gefunden.

Die Transitsituation stellt eine sehr schwierige Phase dar. Im Moment wird sie mit Waffengewalt bestritten, und dies immer im Namen der Religion.

Die Europäer allgemein sind bereits auf dem Weg, die innere Kirche zu finden, nicht mit der Ratio, sondern im Gefühl. Die unzähligen Kirchenaustritte, die übrigens nichts mit Atheismus zu tun haben, beweisen dies; es entspricht der Evolution.

6. Die Stellung der Bioenergie am Anfang und heute

Während meiner Forschungszeit, in der ich in der »Katakombe« arbeitete, nahm die Anzahl der Patienten immer mehr zu; dies nur dank der Mund-zu-Mund-Propaganda.

Für die Betreffenden galt der Grundsatz, dem eigenen Arzt nichts von der Therapie zu berichten. Daneben gab es aber nach wie vor viele Menschen, die an die Omnipotenz des die Symptome behandelnden Arztes glaubten. Ich spürte, dass die Evolution noch nicht als abgeschlossen betrachtet werden konnte. Dies war vor 20 Jahren. – Im nächsten Kapitel werden Sie mehr und Genaueres über diese Zeit erfahren.

Heutzutage ändert sich die Situation zusehends. Manchmal muß ich an den französischen Philosophen Jean-Jacques Rousseau (1712–1778) denken, der sagte: »vox populi, vox Dei« (etwa: Des Volkes Stimme ist Gottes Stimme). Allmählich verschwindet die Autorität, die kirchliche ebenso wie die staatliche. Der Mensch entscheidet selbst, was wiederum heißt: An Bedeutung gewinnt der Individuationsprozeß und somit die Bioenergie-Therapie.

Dieser Errungenschaft liegt nebst meiner Inspiration eine langjährige harte Forschungszeit zugrunde, über die Sie nun Näheres erfahren werden.

KAPITEL II: FORSCHUNGSARBEIT

A) Kirchliches versus Jungsches Konzept

1. Wichtige Stellen aus Jungs Werk

Beim Öffnen des Buches »alchemical studies« (Studien über alchemistische Vorstellungen) fiel mir sogleich das Wort »ch'i« (Lebensenergie) ins Auge. Chi entspricht dem indischen »prâna« und bedeutet in der Jungschen Psychologie soviel wie die Quintessenz des Individuationsprozesses. Die entscheidende Stelle im besagten Buch lautet:

»Das göttliche ch'i (ätherische Essenz) füllt die Viertel (quarters: wohl die Quartiere des inneren Bezirks) und kann zugrunde gehen.«[15]

Hier wird die Quintessenz des alchemistischen Prozesses, genauso wie die des Individuationsprozesses, in Worte gefaßt. Einige Zeilen weiter heißt es:

»Sie (die prima materia) ist der in der Dunkelheit verborgene chên-yên, der ganzheitliche Mensch, der durch die vernünftige und korrekte Lebensordnung bedroht ist, das heißt, die Individuation wird dadurch behindert oder auf Abwege gedrängt. Das ch'i , die Quintessenz (das rosafarbene Blut der europäischen Alchemie), läßt sich nicht »zurückhalten«, das heißt, das Selbst drängt danach, sich zu manifestieren und droht das Bewußtsein zu überwältigen, was schwerwiegende Folgen nach sich zieht. Diese Gefahr ist für den westlichen Adepten besonders groß, denn seine historische Erziehung in und durch die Imitatio Christi führt ihn direkt dazu, das Ausschwitzen der Seelensubstanz beziehungsweise des rosafarbenen Blutes in Analogie zu Christus sogar als seine Aufgabe zu betrachten.«[16]

Die ›Imitatio Christi‹ interpretiere ich als Verpflichtung, Christus zu folgen.

In Jungs letztem Werk »Erinnerungen, Träume, Gedanken«, finden wir zu diesem Begriff folgende Stelle:

»Christus ist das Vorbild, das in jedem christlichen Menschen als dessen ganzheitliche Persönlichkeit lebt. Die historische Entwicklung führte aber zur »Imitatio Christi«, bei welcher der Einzelne nicht seinen eigenen schicksalsmässigen Weg zur Ganzheit geht, sondern den Weg nachzuahmen sucht, den Christus gegangen ist.«[17]

2. C.G. Jung und die katholische Kirche im Vergleich

Die christliche Auffassung steht im Gegensatz zur menschlichen Natur; ihre Ansprüche haben nichts zu tun mit der Individuation des Menschen.

Jung entwickelte das Konzept »chên-yên« weiter: Der Mensch muß die Natur respektieren und dann den Individuationsprozeß vollenden.

So sind die ›Imitatio Christi‹ einerseits und das Ganzwerden im Sinne C.G. Jungs andererseits zwei völlig verschiedene Dinge: ersteres die Sanktifikation, letzteres die Individuation.

Dieses Thema faszinierte mich sehr. Daher suchte ich nach weiteren Unterlagen auf diesem Gebiet, um darüber meine Dissertation »C.G. Jung und die Bioenergie« zu verfassen.

Wie gesagt bilden die katholische Kirche und Jungs Konzept einen Antagonismus. Zuerst glaubte ich, beide würden dasselbe Ziel verfolgen. Nach vertiefter Lektüre einschlägiger Werke wurde ich mir aber der Verschiedenheit bewußt.

Das Konzept ›Individuation‹ war anfänglich sehr

schwer zu verstehen. Doch dann gelangte ich immer mehr zur Überzeugung, daß auf dem Weg hin zur Ganzwerdung das Unterbewußtsein, die menschliche Psyche einbezogen werden muß; ebendies ignoriert die Kirche völlig.

3. Persönliche Gedanken

Kommen wir nochmals zurück auf meine Anfangserfahrungen: Aufgrund der ›Imitatio Christi‹ sowie meiner Meditation war ich im Glauben, der Mensch müsse seine Gefühle nach außen wenden, sie Gott opfern und sich selbst dabei aufgeben (Abnegation), um den Weg der Sanktifikation zu gehen. Die Kirche ist fast zu einer Fabrik der Heiligmachungen geworden, was mir, nachdem ich es erkannt hatte, nicht behagte.

Aus diesem Grunde wollte ich mich intensiver mit der »Chi-Energie« auseinandersetzen. Ich vertrat die Idee, daß der Mensch ganzheitlich denken und Gefühle integrieren muß. Den Menschen dazu zu zwingen, alles Gott zu opfern und der Gefühle, vor allem der sexuellen, zu entsagen heißt für mich, den Menschen zu überfordern.

Oder wie Jung im eingangs dieses Kapitels erwähnten Werk weiter schreibt:

»Er (der Mensch) wird mit anderen Worten sich moralisch verpflichtet fühlen, den Anspruch des Selbst auf Manifestationen zu verwirklichen, unbekümmert darum, ob er vom Selbst überfordert ist. Es scheint ihm ja eben, daß sein Gott und daher sein höchstes Moralprinzip dieses »Selbstopfer« von ihm fordere. In der Tat ist es ein Selbstopfer, eine wahrhafte »φυσια« des Selbst, wenn der Mensch dem Drange desselben hemmungslos nachgibt und dabei zugrunde geht, denn dann hat auch das Selbst das Spiel verloren, indem es den Menschen vernichtet, der ihm Gefäß sein sollte.«[18]

Diese Konsequenz des kirchlichen Denkens schockierte

mich. Als Katholik hatte ich mich bis dahin nie eingehend damit befaßt. Nun allerdings schien mir die kirchliche Vorstellung in bezug auf die natürliche Psyche destruktiv. Für Jung stellte das Unterbewußtsein, wir haben es gesehen, die eigentliche Natur des Menschen dar.

Persönlich habe ich viel für die Kirche getan, Gutes und Hilfe gegenüber meinen Mitmenschen geleistet, z.B. in Form einer Unterstützung des Missionardienstes; allerdings nur bis ich deutlich erkannt hatte, daß es nicht richtig sein kann, seine Liebe vollständig Gott opfern zu müssen.

Die Schöpfung Gottes wird verstanden als das alles umfassende Glück; nun schreibt die Kirche dem einzelnen aber vor, sein individuelles Glück Gott zu opfern. So ist die ›Imitatio Christi‹ ein Opfer an Gott, wobei der Eros ignoriert wird. Mit anderen Worten: Das Christentum hat die Natur vergessen und ist einseitig geworden.

Die kirchliche Transformation stellt lediglich eine rationale Umwandlung dar; ganz anders die Individuation: sie bezieht die menschliche Natur mit ein.

Lesen wir noch weiter in Jungs letztem Werk (Erinnerungen, Träume, Gedanken):

»Rationalismus und Doktrinarismus sind unsere Zeitkrankheit; sie geben vor, alles zu wissen. Man wird aber noch vieles entdecken, was wir heute von unserem beschränkten Standpunkt aus als unmöglich bezeichnen. Unsere Begriffe von Raum und Zeit haben eine nur annähernde Geltung und lassen daher ein weites Feld relativer und absoluter Abweichungen offen. Aus Rücksicht auf solche Möglichkeiten leihe ich den wunderlichen Mythen der Seele ein aufmerksames Ohr und beobachte das Geschehen, das mir widerfährt, gleichgültig, ob es meinen theoretischen Voraussetzungen paßt oder nicht.«[19]

Im Gegensatz zur katholischen Kirche legte Jung also sehr viel Wert auf die menschliche Natur. Daher hat er mit seiner Theorie nicht nur zu der Naturwissenschaft, sondern auch in religiöser Hinsicht einen großen Beitrag geleistet: Jung betrachtete beides, Körper und Geist. Nur so kann der normale anthropologische Prozeß in Gang kommen, der zum »homo totus« und damit zur Gesundheit von Körper und Seele führt.

Für die Kirche bedeutet die Konzentration auf den Kopf ein kanonisches Gesetz. Der Mensch wird kontrolliert, vieles ist ihm untersagt, vor allem sexuelle Gefühle. Beten bedeutet, die dämonischen Empfindungen zu vertreiben; eigenes ist nicht in die Sanktifikation einzubringen.

So wird ein »homo sanctus«*, nicht aber ein »homo totus« geschaffen. Einmal mehr läßt sich feststellen, wie sehr sich die kirchliche Spiritualität vom Jungschen Denken unterscheidet.

4. Der Mensch und die katholische Kirche heute

Doch die Zeiten haben sich geändert: Viele junge Menschen fühlen sich von der einseitigen kirchlichen Doktrin nicht mehr angesprochen. Sie nehmen den Ausdruck »mens sana in corpore sano« (ein gesunder Geist in einem gesunden Körper) für bare Münze.

Der Prozeß der Individiuation ist zu verstehen als menschliches Ganzwerden, bedeutet Selbstverwirklichung. Lassen wir Jung wieder selbst zu Wort kommen:

»Mein Leben ist die Geschichte einer Selbstverwirklichung des Unbewußten. Alles, was im Unbewußten liegt, will Ereignis werden, und auch die Persönlichkeit will sich aus ihren unbewußten Bedingungen entfalten und sich als Ganzheit erleben.«[20]

So werden Menschen auf natürliche Weise glücklich, sie stehen nicht unter einem Druck, unterliegen keiner Macht, wie dies bei der Kirche der Fall ist. Letzteres versetzt den

* »homo sanctus«: Der heilige Mensch (Im Gegensatz zum »homo totus«: dem ganzheitlichen Menschen)

Menschen bloß in eine miserable Lage, als ob die heutige nicht schon miserabel genug wäre.

Die katholische Institution muß die Verschiedenartigkeit der Menschen, ihre unterschiedlichen Wünsche, Träume, sexuellen Gefühle und Ziele verstehen und respektieren lernen.

Für jeden Menschen spielt besonders das sexuelle Empfinden eine wichtige Rolle. »Ich liebe dich« ist ein allumfassender Begriff.

Bleibt dem Menschen das Recht dazu untersagt, so wird er trocken und abnormal. Die Folgen sind organische Krankheiten; Grund ist die einseitige Erziehung und das Begehen eines Weges in nur eine Richtung. Daraus herauszufinden bzw. sich weiterzuentwickeln ist mit dem Individuationsprozeß gleichzusetzen.

So ist für mich das dogmatische Denken mittlerweile schwer verständlich. Die göttliche Schöpfung muß im Sinne des Eros, der instinktiven Liebe gesehen werden; erst dann kommt die Ratio.

Diese darf nicht kontrolliert werden; vielmehr muß sie integrierend zum Eros treten. So gelangt der Mensch schließlich zu seinem wahren Glück. Er ist dankbar, alles unternommen zu haben und nun seine eigentliche Natur zu spüren. Danach tritt das wertvolle Konzept »Supranaturalität« ein.

5. Schlußfolgerungen

Aus dieser paradoxen Situation, aus der christlichen Konzeption heraus verstand ich, weshalb so viele Menschen psychisch krank sind (kriminell, depressiv usw.).

Deshalb entwickelte ich die Bioenergie-Theorie weiter und strukturierte meine Dissertation mit der Kernaussage, daß die Bioenergie und die darauf basierende ganzheitliche Transformation das Fundament des menschlichen Lebens bilden.

Jung hatte sich vor allem auf die Psyche konzentriert; für den körperlichen Aspekt sollte ihm, wir wissen es, vor seinem Tode leider nicht mehr genug Zeit bleiben. Zwar maß er dem astralen Körper große Bedeutung bei; also gab es zur Schulmedizin Unterschiede. Dennoch stellte er sich der klassischen Medizin nicht entgegen, sondern erachtete deren Ideen als komplementär.

B) Der Patientenkreis

1. Die anfängliche Behandlungszeit

Bei der ursprünglichen Ausübung meiner Therapie, der Periode, die ich als Forschungszeit bezeichne, geriet ich in Konflikt mit den Ärzten. Daher arbeitete ich »im Untergrund«. Viele Leute meinten, ich würde Shiatsu oder Akupressur betreiben; andere glaubten ganz einfach, ich würde schlafen!

Während dieser schwierigen Zeit fand ich zum Glück stets nette Aufnahme im Restaurant »Commercio« A.G., unmittelbar neben meinem Institut gelegen, unter der Leitung von Direktor Cosimo Moliterno.

Ein alter, inzwischen verstorbener Mann, Friseur von Beruf, hatte mich seinerzeit an den dortigen Stammtisch gebeten, wo ich dann auch Tag für Tag hinging. Als einziger Fremder fand ich unter all den Schweizern Akzeptanz.

Auf die Frage nach meiner Tätigkeit antwortete ich: »Ich bin Tiefenpsychologe«. Im selben Haus wie »mein Keller« befand sich das Pelzwarengeschäft eines gewissen Herrn N., der die Angewohnheit hatte, das Licht im gemeinsamen Korridor zu kontrollieren und es gegebenenfalls zu löschen.

Die Patienten empfanden die Dunkelheit als unheimlich. Auch die verschlossene Türe behagte manchem nicht so richtig. Ich bestand aber darauf: »Das muß halt so sein.«

Als Herr N. mich fragte, was ich denn machen würde, gab ich ihm zur Antwort: »Dasselbe wie du. Du verschönerst die Menschen mit deinen Pelzmänteln; ich sorge für ihr gesundheitliches Wohlbefinden.«

Bald schon kam seine Frau wegen ihrer Kopfschmerzen zu mir in Behandlung; daraufhin machte N. in seinem Pelzgeschäft Reklame für mich.

Immer mehr Patienten suchten mich auf. Sie beobachteten: »Aha, Sie arbeiten »nur« mit den Händen. Sie sind Garagist . . .« (vgl. erstes Buch).

Die innere Stimme hatte mir immer gesagt, ich sollte nichts von meinen Studien, nichts von meinen Doktortiteln erwähnen.

2. Die ersten Patienten

Einmal kam ein Mann zu mir, der aufgrund starker Rükkenschmerzen kaum mehr gehen konnte. Er war Bankdirektor. Mein Name hatte sich anscheinend bis in diese Klasse hinauf herumgesprochen.

Am Tag darauf hätte der besagte Herr sich einem operativen Eingriff unterziehen sollen, was nach meiner Behandlung und einigen darauffolgenden nicht mehr nötig war. Sein Freund, ein Chirurg, konnte das nicht verstehen. Den Ärzten paßten diese Erfolge nicht ins Konzept.

Zu Beginn handelte es sich bei meinen Patienten ausschließlich um Frauen. Die Männer hatten offensichtlich »ihre Maria« vorgeschickt. Erst nach und nach kamen auch sie selbst zu mir, wohl auf Anraten ihrer Frau hin.

Nach wie vor blieb aber der Anteil der weiblichen Patienten bei 80%. Ich fand für mich die Erklärung darin, daß die Männer immer noch kopflastige Menschen sein mussten, nicht bereit, den Energiekörper zu aktivieren, was sehr viel Gefühl benötigt.

Männer verstehen die Schulmedizin in ihrem logischen, rationalen Aufbau besser. Die Bioenergie hingegen hat nichts mit dem Kopf zu tun; verstehen läßt sie sich nur durch das Gefühl. Hierin liegt wohl der Hauptgrund dafür, daß so viele Frauen zu mir kamen.

3. Der Höhepunkt der Forschungszeit

Nun ist es wahrscheinlich der Evolution und der modernen Zeit zuzuschreiben, daß heute doch schon 40% meiner Patienten Männer sind. Die rationalistische Phase im Krankheitswesen scheint allmählich ihrem Ende entgegenzugehen.

Manchmal kommt es sogar vor, daß der Mann zuerst kommt, weil »Maria« ihn geschickt hat. Heute handelt es sich um eine Frage der individuellen Entscheidung.

Selbst bei der ersten Behandlung brauche ich keine Röntgenbilder und keine Anamnese; die Bioenergie-Therapie führt von selbst, ungeachtet der Ausgangslage, zu einer Harmonisierung.

Diese Forschungszeit, in der ich abgeschnitten von der Außenwelt lebte – abgesehen natürlich vom Kontakt zu meinen Patienten – dauerte 13 Jahre. Ich machte alles alleine, führte eine Ein-Mann-Praxis. Doch die Zeit verging schnell.

Nach und nach riefen dann junge Leute an, die selbst formulierten: »Meine Energie fließt nicht mehr«. – Dies bedeutete für mich erneut eine Synchronizität, eine Offenbarung des Himmels: Meine Inspiration, meine Arbeit manifestierte sich nun wie von selbst auch von außen her.

Nun war der Moment gekommen: Ich schrieb mein erstes Buch, das sogleich auf reges Interesse stoßen sollte. Zur gleichen Zeit (genau am 2. November 1992) veröffentlichte die »Züri-Woche« (Zürcher Wochenzeitung) einen Bericht über mich und meine Arbeit. Von da an wurde für mich jeder Tag zu einem vollgepackten 12-Stunden-Arbeitstag.

Alles hatte zeitlich zusammengepasst. Viele Menschen

hatten offenbar auf diesen Moment in der Alternativmedizin gewartet.

4. Erfahrung mit einer Patientin im Rahmen des C.G. Jung-Instituts

Viele Leute fragen mich, weshalb ich die Forschung alleine betrieben habe. Meine Antwort ist relativ einfach.

Während eines Seminars unter der Leitung von Dr. Ammann am C.G. Jung-Institut erzählte ich eine Erfahrung aus der Praxis:

Vor nun mehr zwanzig Jahren hatte ich eine Patientin, die zwei Jahre lang keine Menstruation mehr gehabt hatte. Nach meiner Behandlung bekam sie ihre Regel wieder. Ich hatte den Körper einbezogen und eine Heilung erzielt – etwas für die anderen Teilnehmer Unverständliches!

Nachdem ich das in diesem Rahmen erzählt hatte, schrieb der Instituts-Präsident Dr. med. Adolf Guggenbühl einen nachdrücklichen Brief an die besagte Patientin mit der Warnung, ich sei kein Jungianer.

Das Denken der Ratio-Jungianer geht Richtung Freudsche Psychologie, ohne daß dabei die propagierten Vorstellungen noch einmal hinterfragt, geschweige denn auf Übereinstimmung mit der eigentlichen Idee Jungs überprüft würden. Fixiert wird das Ego-Bewußtsein.

Bei vielen Ratio-Jungianern kam es zu falschen Interpretationen der Jungschen Psychologie, insofern als sie glaubten, daß letztere nichts mit der Schulmedizin zu tun habe. Für mich war das ein schlimmes Missverständnis, und ich hatte Mühe zu sehen, daß so viele die authentische Jungsche Psychologie nicht verstanden hatten.

Zudem bin ich der Überzeugung, daß man sich ein derartiges Urteil nur nach eingehenden Studien und Forschungen erlauben darf. Dies ist aber das genaue Gegenteil von dem, was die Ratio-Jungianer treiben, da es ihnen an Gefühl und kreativer Arbeit fehlt.

Das Institut im Sinne von C.G. Jung hingegen arbeitet wissenschaftlich und dient Forschungszwecken. Deshalb mußte ich mich fragen, wovor der Präsident eigentlich Angst hatte. War es die Angst vor dem Verlust seines Postens oder aber davor, daß ein Jungianer den Körper in die Behandlung einbezogen hatte, was er als Ratio-Jungianer ablehnte?

Ein Institut braucht den Forschungsteil, um nicht dogmatisch zu werden. Denken wir daran, daß die Jungsche Idee zur Naturwissenschaft gehört.

Für mich bedeutete die offene Konfrontation mit diesem Denken einen Schock; ich sah sogleich die Parallele zum Dogmatismus der katholischen Kirche, was mich sehr ernüchterte und mir unverständlich blieb.

Eingangs erwähnte Frau Dr. J. Jacobi war auf dem Wege zu einer eigenen Psychologie; sie wollte, nachdem sie vom jüdischen zum katholischen Glauben übergetreten war, angeblich ein katholisches Jung-Institut gründen.

Ich vermute, daß Frau Dr. Jacobi die Jungsche Psychologie falsch interpretiert und den irrationalen Faktor zu stark gewichtet hat.

Von Anfang an war sie fast eine Gegnerin Jungs, auf jeden Fall ein klares Gegenstück zu Marie-Louise von Franz: Ihr Kompromiß mit der katholischen Kirche sowie der klassischen Medizin und ihrer exzessiven Toxifikation kollidierte mit Jungs Naturbezogenheit.

Während früher kaum jemand an der Schulmedizin zweifelte, hat sich heute das Blatt zugunsten der Alternativmedizin gewendet.

Wie auch in der Kirche fehlte damals jegliches freiheitliche Denken. Das Schlimmste dabei war für mich, zu spüren, daß auch hier Machtspiele dahintersteckten, das Bestreben des Präsidenten, der um seine Position bangte. Das ist dann gefährlich, wenn es um den »Denfensor Fidei« (den Verteidiger des Glaubens) geht.

In alledem liegt der Grund für meine abgeschiedene Forschungstätigkeit.

Die Jungsche Psychologie ist, wir haben es gesehen, auf den Individuationsprozeß des einzelnen ausgerichtet. Dieses Ziel wollte ich weiterverfolgen.

Zu Grunde lag bei Jung kein kirchlicher Glaube, sondern die menschliche Natur und deren instinktive Bestrebung, sprich die Realisierung des Selbst.

Dabei dachte ich einfach, die Zeit werde alles weisen. Ich stand zu allem, was ich angegangen hatte, und hoffte.

Mein erstes Ziel im Hinblick auf das Institut war, wie schon angesprochen, nie irgendeinem Dogmatismus, dem rein rationalen Denken zu verfallen. Meine Basis waren die Wissenschaft und kreatives Arbeiten.

Ebenso sollen heute die Studenten nicht einfach alles unbesehen akzeptieren, sondern ihre Meinung, ihr eigenes Denken und ihre Phantasie einbringen können.

Nur durch kreatives Denken, durch fließende Energie, die harmonische Rotation, gibt es ein Weiterkommen; Dogmatismus führt zu Stagnation.

Meine Harmonie finde ich in der Musik Mozarts (besonders Konzert für Flöte und Harfe C-dur, KV.299), die ich sowohl für mich privat als auch während der Therapie für die Patienten, immer wieder auflege.

Die Opern- und Kammersängerin Elisabeth Schwarzkopf sagte kürzlich in diesem Zusammenhang folgendes zu mir: »Ich empfinde Mozart als einen offensichtlichen Gottesbeweis«. – Sie hatte damit die Idee der Kreativität schön und bildhaft auf den Punkt gebracht.

Mein größter Wunsch wäre es , daß sich jedes Institut das zu Herzen nähme.

Mit der Gründung des Instituts, die im folgenden Kapitel zur Sprache gebracht werden soll, war meine Forschungszeit beendet.

KAPITEL III: DIE INSTITUTSZEIT

A) Die Ausbildung am Institut

1. Voraussetzungen und Ziele

Die Schaffung eines Instituts war eigentlich nur die logische Konsequenz meiner Forschung, vor allem meiner Inspiration, die mir dies zur Aufgabe gemacht hat.

Viele Leute möchten mehr über die in der Ausbildung zu erlernende Praxis wissen.

Für mich ist das Wichtigste, daß die Lernenden die geistige Präsenz fühlen; die Technik allein kann nicht genügen. Sonst käme unsere Bioenergie-Therapie anderen Methoden wie der Akupressur etc. gleich. Wenn die Basis stimmt, stellt sich auch der Geist ein.

Was es braucht, ist Empfindungsvermögen und die Erkenntnis des Selbst; in unserer schnellebigen Zeit, wo alle immer in Eile sind, dürften diese Qualitäten alles andere als selbstverständlich sein.

Der Theorieteil der Ausbildung umfasst vor allen Dingen den Individuationsprozeß und die Traumseminare, wodurch die Kandidatin Aufschluß über das eigene Ich erhält. Letztendlich muß sie sich vollkommen mit dem guten Geist identifizieren; das Dämonische findet dann keinen Platz mehr in ihr.

Erkannt werden muß das Negative, gleichzusetzen mit dem schlechten Geist, sehr wohl. Das Böse ist der Schatten Gottes, den es zu integrieren gilt. Es darf nicht zu einem dualistischen Denken kommen.

Viele Menschen meinen fälschlicherweise, Dämon und Gott seien zwei unabhängige Wesen, daher das dualistische Denken. Dabei ist der schlechte Geist nichts anderes als der Schatten Gottes.

Auch ein vom bösen Geist besessener Mensch kann die Technik beherrschen. Leider ist dies z.T. bei heutigen Heilern auch der Fall: gearbeitet wird nicht mit innerer, sondern mit dämonischer Kraft. Eine derartige Therapie wird jedoch aufgrund des fehlenden guten Geistes nie erfolgreich sein können.

Das Prinzip der Bioenergie-Therapie soll nun an die nächste Generation weitergegeben werden.

In diesem Kapitel werden wir einen Blick auf den Aufbau der Ausbildung werfen, wie sie mir die Inspiration aufgetragen hat, und wir werden etwas über die Voraussetzungen erfahren, die die Kandidatinnen und Kandidaten mitbringen müssen.

Besonders wichtig beim Erlernen der Therapiemethode ist das Gespür. Mit den Händen und Fingerkuppen wird nicht das vegetative Nervensystem erfühlt, sondern der starke Energiestrom des Patienten direkt auf der Wirbelsäule.

Die Bioenergie-Therapeutin muß sich dabei auf jeden einzelnen Patienten von neuem konzentrieren, u.a. durch vorhergehende Meditation.

Während der Berührung bleiben die Augen der Behandelnden geschlossen. Die Behandlung darf niemals zu einer mechanischen Tätigkeit werden; stets gilt es, die Energie zu erfühlen und zu polarisieren.

Sollte die Behandelnde zu Beginn selbst kalte Hände haben, so werden sie sehr schnell erwärmen: Grund dafür ist der Energieaustausch zwischen Patient und Therapeutin.

Es handelt sich tatsächlich um ein gegenseitiges Geben und Nehmen: auch der Patient gibt der Behandelnden Energie, oder anders gesagt, die Behandelnde nimmt Energie ihres Patienten auf. Die entscheidende Energie, die der Mutter Erde entspringt, geht somit in erster Linie vom Patienten aus, meist ohne daß er sich dessen bewußt ist.

Das wichtigste Kriterium bei der Auswahl künftiger Kandidatinnen oder Kandidaten ist für mich der erste Eindruck, den ich beim anfänglichen Kontakt gewinne.

Intuitiv spüre ich den archetypischen Hintergrund der Interessentin bzw. des Interessenten heraus. Maßgebend dabei ist vor allem die Aura, die Ausstrahlung, das menschliche Naturell, das Ego-Bewußtsein (»conditio sine qua non« – ein Muß also).

Viele Menschen leben heutzutage mit einem sehr starken Mutterkomplex: die Erziehung ist geprägt von einer starken Bindung zur Mutter. Daher ist das Ego und die eigene Entscheidungskraft schwach; es fehlt die Vaterkraft, die väterliche Autorität.

Solch ein Mensch wird labil und ist oft unentschlossen. Sobald er mit etwas Schwerwiegendem in seinem Leben konfrontiert wird, zieht er sich zurück, sucht Schutz, so wie früher bei der Mutter.

Bei fragilem Ego bleibt das Unterbewußtsein tief unten zurück; die Welt kann nicht assimiliert werden.

Ohne starkes Ego kann auch keine Disziplin bestehen.

Die Ego-Stärke kommt, wie wir vorher gesehen haben, vom Boden her: Eine Transformation stellt sich erst ein, wenn das Unterbewußtsein mit dem Ego integriert ist. Aus dem Unbewußten heraus, von der Mutter Erde her, kommt es dann zur Erkenntnis des Selbst, aus dem wiederum eine heilende Kraft hervorgeht.

Erst wenn das Ego das Selbst akzeptiert und integriert hat, setzt eine Rotation ein, wird das Bewußtsein gefördert. Als gut oder schlecht wird nicht empfunden, was die Gesellschaft, die Norm, auferlegt, sondern das, was das Individuum empfindet.

Mit der Rotation ist auch ein guter Geist präsent. In die

Dunkelheit (prima materia, nigredo, Chaos, Indifferenziertheit) tritt ein Licht (secunda materia), das immer stärker wird und schließlich zur Differenziertheit führt. Diesen Vorgang nennt man psychologische Transformation.

Nehmen wir zur Erläuterung das Beispiel der an Schizophrenie Erkrankten. Diese Patienten haben eine äußerst starke Empfindung für das Selbst, für das Ego hingegen eine sehr schwache. Die Harmoniefindung wird dadurch unmöglich.

Ebenso wichtig ist es, daß eine angehende Therapeutin Liebe vermitteln kann. Dies wiederum ist nur möglich, wenn sie sich selbst annimmt und liebt.

Gestützt auf all diese Aspekte kann ich dann zur Aufnahme der Ausbildung raten bzw. davon abraten.

Ist das Ego einer Interessentin oder eines Interessenten labil, ist sie oder er unzufrieden mit sich selbst, so fehlt noch die Kraft; das Erlernen sowie die Ausübung dieses Berufes würde sich äußerst schwierig gestalten. Wer psychisch angeschlagen ist oder körperliche Beschwerden hat, dem muß leider von einer Ausbildung abgeraten werden, schon um dem Betroffenen selbst eine spätere Enttäuschung zu ersparen. Die natürliche Basis ist in diesem Falle nicht da; der schlechte Geist würde sich nur allzu schnell einstellen.

Wichtig, wie eine Art Zwischendiplom, sind in diesem Zusammenhang auch die 10 Stunden Einzelanalyse zu werten, die jede Kandidatin bei einem Jungschen analytischen Psychologen absolviert. Ich nehme Rücksprache mit diesen Fachleuten, um sicher zu gehen, daß die Kandidatin nichts schwerwiegend Pathologisches oder sonst Nachteiliges gezeigt hat.

Gleichzeitig ist diese Analyse sicher für die Kandidatin selbst sehr nützlich und hilfreich, um das eigene, meist noch im Dunkeln, Verborgenen liegende Unterbewußtsein zu erkennen.

Die Erkenntnis, die Bewußtmachung des eigenen Schattens hilft der angehenden Therapeutin.

Das Institut im Sinne von C.G. Jung verpflichtet uns, zuerst die eigenen Probleme zu erkennen; sonst würde unsere Arbeit in Scharlatanerie ausarten.

Unterstützend wirkt zudem die 10malige Behandlung bei mir, die eine Kandidatin als ersten Einstieg in die Ausbildung sich selbst »gönnt«. Aufgrund der Bioenergie-Methode verschwinden mögliche Beschwerden und durch den freien Energiefluß kommt ihr Körper in Harmonie mit der Seele.

Nun befindet sie sich auf dem Weg in die richtige Richtung, hin zu einem erstrebenswerten Ziel: der Einheit von Körper, Seele und Geist.

Eintreten kann der gute Geist nur dort, wo Körper und Seele in Harmonie sind.

Ist dies dann aber der Fall, so ist ein weiterer Meilenstein hin zum Ziel der Jungschen Psychologie, der Selbstverwirklichung, gesetzt. Die Kandidatin wird die Anwesenheit eines Schutzgeistes fühlen.

Gleichzeitig ist sie nun vollständig im Institut integriert.

So legt unsere Psychologie die Grundlage zu späterer Prosperität, indem sie Licht ins Leben bringt. Jetzt kann das Dasein in seiner ganzen Klarheit erkannt werden. Wenn ein Mensch das eigene Licht, seine eigenen Ziele erkennen kann, tritt ein Gefühl der Fröhlichkeit ein.

Doch bis dieser Lernprozeß abgeschlossen ist, dauert es oft lange: Das Unterbewußtsein ist sehr kompliziert. Der eigene Schatten, die Komplexe, alles muß erkannt werden. Sobald aber der erste Funken am Horizont sichtbar wird, kommt Hoffnung auf. Aus dem einen Funken entsteht nach und nach ein Strahlenmeer; im selben Maße wächst die Hoffnung.

Die angehende Therapeutin erlebt dabei eine Transformation und empfindet einen starken Enthusiasmus, mit dem sie in der Folge die ersten Erfahrungen bei der eigenen Behandlung sammelt.

Einerseits werden körperliche Veränderungen bemerkbar. Kalte Hände z.B. wird sie nicht mehr kennen; überhaupt werden die Extremitäten besser durchblutet und dadurch stets warm sein.

Veränderungen treten andererseits auch im geistigen Bereich ein. Mag eine Kandidatin zu Beginn auch etwas verschlossen oder unsicher gewesen sein, so fühlt sie sich, sobald ihre Chakras geöffnet sind frei und spontan und wird zu einem glücklichen, lustigen Menschen: Der gute Geist ist eingekehrt und hat eine frühere Indifferenziertheit, die Unklarheit, das Chaos abgelöst. Die Kandidatin befindet sich auf einem guten Weg, dem Weg zum Status Quo.

Überhaupt kann es zu Veränderungen in der Persönlichkeit kommen: Die Energie der Kandidatin fließt jetzt, Körper und Seele bilden eine Einheit, sind koordiniert, die Seele kommunziert mit dem Körper und damit befindet sich der Mensch in Harmonie.

Bildhaft könnte man sich die Seele als ›Hans‹ und den Körper als ›Maria‹ vorstellen. Maria fühlt sich krank und sieht, daß es Hans nicht besser geht. Deshalb fordert sie ihn auf: »Komm, laß uns »zusammenarbeiten«. Sind beide dazu bereit, dann ergibt sich daraus ein starker Energiefluß.

Ein egozentrischer Mensch ist auf die Ratio, also auf Hans konzentriert; Maria existiert nur in weiter Ferne. Das Bewußtsein, die Ratio oder der Logos, kurz, das männliche Prinzip überwiegt und steht nicht in Harmonie mit dem Weiblichen, dem Eros, dem Gefühl, dem Unterbewußtsein. Somit verkörpert dieser Mensch das Gegenteil des »homo totus«.

Wer nun aber in Einheit lebt, fühlt sich glücklich, hegt keine schlechten Gedanken, ist ein Naturmensch und kann das Leben genießen. Er hat die Stufe erreicht, auf der sich der Geist, die kosmische Energie zur Mutter Erde gesellt – es entsteht eine Trinität.

Viele Menschen leben verkrampft, da geistlos, oder besser gesagt: da sie einen bösen Geist in sich haben, was beispielsweise zu kriminellem Verhalten oder zu psychischen Krankheiten führen kann.

Hierin wird klar, welch große Aufgabe der Bioenergie zukommt und welche Chance sie für unsere Gesellschaft bedeutet, wenn immer mehr Menschen zu ihrer inneren Harmonie finden könnten!

Mein Ziel ist, wie schon vorher erwähnt, eine Zusammenarbeit mit der klassischen Medizin. Letztere behandelt den anatomischen, den physischen Körper, die Bioenergie konzentriert sich auf den Energiekörper. Ein buchstäbliches Hand-in-Hand-Arbeiten könnte die Nachteile der modernen Medizin aufheben.

Denken wir an den Verlauf einer Behandlung bei einem Schulmediziner: Einem vorgegebenen Schema folgend wird nach den Schmerzen gefragt, dann kommt es zu Untersuchungen, und falls der Arzt nun keine Krankheitsursache feststellen kann, lautet seine Diagnose in vielen Fällen: nervenkrank. Der Patient wird zum Neurologen oder Psychiater geschickt und bekommt womöglich Tabletten verschrieben.

Dabei bleibt der eigentliche Grund für die Schmerzen des Patienten – seine Desorientiertheit – unbehandelt. Wahrscheinlich ist aufgrund ungünstiger Kontakte oder eines unverdauten Schockerlebnisses sein Herzchakra verschlossen. Könnte an diesem Punkt die Bioenergie-Therapie unterstützend eingreifen, bräuchte der Arzt in den meisten Fällen nicht mehr zu Medikamenten, der Chirurg nicht mehr zum Messer zu greifen.

Doch kommen wir zurück zur Ausbildung und unseren angehenden Therapeutinnen: Alles ist nun bereit, damit der Geist hinzutreten und die universale Energie komplettieren kann. Die Kandidatin fühlt sich glücklich; die wichtigste Vorstufe für eine erfolgreiche Tätigkeit ist erreicht und die Zusammenarbeit mit dem guten Geist oder, wie es der christliche Glaube ausdrücken würde, mit dem »heiligen Geist« kann beginnen.

Die Ausstrahlung der Kandidatin wird sich auf andere übertragen. Daraus erwächst eine angenehme Atmosphäre und schließlich eine kollektive Ausstrahlung.

Führen wir den Vergleich mit der Religion weiter: Auch ein Adept ›Christus‹ brauchte eben diesen Geist, dieselbe tiefe Hoffnung, um das Credo zu propagieren.

So weiß eine Kandidatin nun, nachdem ihr guter Geist eingekehrt ist, was es heißt, mit glänzendem Beispiel voranzugehen.

Erst mit der Harmonie kommt die Solidarität: Als zufriedener, glücklicher Mensch kann sie nun mit anderen Menschen in positiven Kontakt treten.

Mit Recht läßt sich behaupten, der Mensch sei Gott. Wenn er die richtige Einheit lebt, wird ihm nichts Schlechtes widerfahren. Alles Schlechte ist Sinnbild für das Antigöttliche.

Das Institut vermittelt den Kandidatinnen die Überzeugung, daß jeder Mensch einen Schutzgeist hat. Dieser Ausdruck läßt den geneigten Leser sicherlich direkt an den Begriff »Schutzengel« der Kirche denken. Den Kindern wurde diese Idee mitgegeben, um in ihnen Vertrauen zu erwecken. Bedauerlicherweise wird heute alles vom materialistischen Standpunkt aus betrachtet – und auch das Gute der Kirche wurde zusammen mit dem Unbrauchbaren umgestoßen.

Als weiteres Beispiel dafür sei der Katechismus erwähnt: In seiner eigentlichen Form war er sehr gut und hat unzähligen Menschen geholfen; durch die Konzentration auf die Ratio ist jedoch auch dieses Element verlorengegangen. Viele Menschen sind heute (tod)krank: sie leiden an einer

Dissoziation der Einheit, sind einheitslos. In der tibetanischen Medizin ist Krebs z.B. das Zeichen einer Besessenheit durch schlechte Geister.

Auch die Kirche möchte den Menschen zum Glück führen, fördert aber, wie schon eingehend erläutert, nur den Intellekt. Dabei haben wichtige Vertreter, wie Franz von Assisi, viel Wert auf das Natürliche gelegt. Leider hat die Kirche diesen Aspekt aber völlig verdrängt, die natürliche Basis zerstört, alles dogmatisiert. Die Natur gilt als dämonisch.

Alles in allem muß eine Kandidatin für ihre Ausbildung an unserem Institut über die starke Motivation verfügen, zuerst einmal ihren eigenen Körper durch die Vereinigung der drei Elemente in Harmonie zu bringen.

Das ideale Alter zur Aufnahme der Ausbildung dürfte um die 30 Jahre herum sein, denn meist kommt es in diesem Lebensabschnitt auch zum starken Wunsch nach Selbstverwirklichung, zur Suche nach dem Selbst und dessen Realisierung, nicht nur im sozialen Bereich, sondern auch im Unterbewußtsein.

Damit kommen wir nun zur eigentlichen Ausbildung am Institut:

2. Einführungs-Seminar in die analytische Psychologie

Hierbei werden, wie die Bezeichnung des Kurses erahnen läßt, allgemeine Begriffe erklärt und Jungs Ideen und Konzeptionen erläutert. Nicht zuletzt soll der Kandidatin auch der Unterschied zwischen der Jungschen Psychologie und derjenigen Freuds oder Adlers aufgezeigt werden.

Der Dozent, Dr. med. José Zavala, geht in seinen Vorlesungen hauptsächlich auf Fragen der Kandidatinnen und Kandidaten ein, stets im Bemühen darum, persönliche Fragen illustrativ zu beantworten. Zusätzlich erteilt er weiterführende Kurse zum »I Ging« (chinesisches Orakel).

3. Praktikum und Supervision

Während des 30maligen Praktikums (Therapie an einer anderen Kandidatin) sowie der später abzulegenden Supervision (Behandlung an Patienten), die ebenfalls 30 Behandlungen umfaßt, kann die angehende Bioenergie-Therapeutin wichtige und prägende Erfahrungen sammeln.

Natürlich muß sich die Lernende zuerst daran gewöhnen, den Energiefluß zu spüren. Mit zunehmender Erfahrung wird sie aber eine immer stärker werdende Kraft in sich wahrnehmen; fühlte sie sich früher vielleicht oft müde, abgespannt, so werden diese Ermüdungserscheinungen von nun an der Vergangenheit angehören.

4. Traumseminare

Auch die 30 Traumseminare, für die ich glücklicherweise den äußerst erfahrenen Dr. med. dent. Hermann Strobel, dipl. analytischer Psychologe, gewinnen konnte, nehmen einen sehr wichtigen Platz in der Ausbildung ein, mit dem Ziel, jede Kandidatin an ihr eigenes Unterbewußtsein heranzuführen und sie den eigenen archetypischen Hintergrund erkennen zu lassen.

Um überhaupt soweit in sich hinein zu gelangen, benötigt man eine Sprache – eine Aufgabe, die unsere Träume übernehmen. Die Traumseminare sollen so etwas wie eine innere Reinigung zur Folge haben. Ferner bilden sie ein Gegenstück zum Praktikum, zur Praxis allgemein. Die Kandidatin lernt, das Symbol dieser Welt, die kosmische Kraft, das Konzept »Gott« zu verstehen.

Die Traumseminare sind für mich so etwas wie ein technisches Instrument dazu, sich selbst besser kennenzulernen. Während dieser Kurse soll jede Kandidatin und jeder Kandidat seine eigenen Träume schriftlich festhalten.

Die im Unterbewußten versteckten persönlichen Probleme treten in Symbolen verschlüsselt an die Oberfläche des Bewußtseins. Die Kandidatin wird sich so ihres Schattens, ihrer animus-Probleme bewußt. Denn das Traumseminar gibt ihr Übung im Analysieren und im Verstehen von Träumen. Mit zunehmender Erfahrung fällt ihr die Bewußtmachung eigener verdrängter Probleme sowie die Integrierung ihres Schattens leichter. Sokrates' wichtige Lebensaufgabe (Erkenne dich selbst) realisiert sich.

Jedes Treffen dauert zwei Stunden und wird 30 Mal wiederholt, umfaßt also insgesamt 60 Stunden; dies mit dem hohen Ziel, der großen Chance, unser Unterbewußtsein soweit als möglich irgendwann ins Bewußtsein zu heben, es zu erkennen und zu spüren: eine großartige Erfahrung! Nun kennt die Kandidatin die eigene Persönlichkeit, fühlt sich frei und glücklich; das Leben wird nicht mehr als Bürde empfunden.

Sicher fällt es der Lernenden auf dem Weg zu diesem Ziel oft schwer, die eigenen Schwächen, ihren Schatten zu erkennen, dazu zu stehen und ihn zu integrieren, aber die Mühe lohnt sich.

Zwar kann es zu paradoxen Reaktionen kommen, zu Depressionen vielleicht. Doch auch hier gilt: ohne Reaktion kein Erfolg. Eine sichere Zukunft setzt einen Heilungsprozeß voraus, der oft dem Wellengang eines Meeres gleicht. Jede Kandidatin muß diesen Prozeß unweigerlich durchmachen.

5. Schamanismus

Ein weiterer Einblick wird während der Ausbildung in das faszinierende, der Bioenergie nahestehende Feld Schamanismus geboten, ebenso spannend dargelegt von Dr. phil Daniele Ribola.

Durch Inspiration, das Anrufen von Gott und Geistern sucht ein Schamane die Einheit.

So gehört auch der Schamanismus zur psychosomatischen Medizin und somit zur Naturwissenschaft. Körper und Seele werden miteinbezogen. Hierin liegt denn auch die Parallele des Schamanismus zur Bioenergie-Therapeutin. Auch sie behandelt ja nicht nur den Körper, wie wir bereits wissen. Wunder passieren nur, wenn ein Geist dabei ist.

Denken wir in diesem Zusammenhang auch an die Indianer und etwas für sie außerordentlich Typisches: den Tanz. Durch das Aufspringen und die Bewegungen überhaupt treten sie immer wieder in intensiven Kontakt mit der Mutter Erde, die sie stimuliert. Sie erfahren das Aufsprudeln der heilenden Quelle. Der Vater ist der Himmel, der Geist. Ohne Mutter Erde ist er aber körperlos. Die Mutter als Trägerin der Seele muß integriert werden, sonst besteht das Vaterelement einzig in Form des Geistes.

6. Einführung in die psychosomatische Medizin

In dieses Gebiet wird mittels zweier Vorlesungen eingeführt. Denn auch die Psychosomatik liegt der Bioenergie zugrunde, wenn auch anders als in der psychosomatischen Medizin selbst.

Die Vorlesung wird von Herrn Dr. med. Nino Enderlin, einem Schulmediziner gehalten, der die Bioenergie sehr gut kennt und voll und ganz dazu steht. Hauptthemen sind vor allem die Anatomie sowie das menschliche (sympathische und parasympathische) Nervensystem.

Durch letzteres fließt ein äußerst starker Energiestrom, der die Basis unserer Behandlung bildet. Deshalb braucht die Therapeutin auch Kenntnisse davon. Während des Erlernens der Bioenergie-Therapie wird sie immer besser verstehen, was damit gemeint ist, wenn in meinem ersten Buch vom Energiestrom als »path of God« (Der Pfad Gottes) die Rede ist.

Im Rahmen dieses Kurses tritt der enge Zusammenhang zwischen Schulmedizin und Bioenergie einmal mehr zutage.

Die 120jährige Erfahrung der Schulmedizin muß respektiert und ausgeschöpft werden. Wie bereits weiter oben gesagt, würde ich gerne mit der Schulmedizin zusammenarbeiten: in Notfällen ist sie unerlässlich. Doch muß alles seine Grenzen haben: Die zu hohe Toxifikation, die Vernachlässigung der Seele – diesen Entwicklungen muß Einhalt geboten werden.

Kein Heilungsprozeß kann nur über die klassische Medizin erfolgen. Es braucht den Einbezug der Seele und der körperlichen Energie. Was wir als Heilkraft brauchen, ist die Selbstverwirklichung, die Kraft aus dem Selbst.

Wer einseitig behandelt wird, wessen Immunsystem geschwächt ist, dem kann nur erfolgreich geholfen werden, wenn Körper und Seele, auch Energie- oder Diamantkörper genannt, behandelt werden. Schließlich besteht das menschliche Dasein aus beiden Aspekten.

Werfen wir einmal mehr einen Blick auf die Kirche: Leider hat sie die Seele immer als abstrakten Begriff behandelt, hat sie monopolisiert und nicht mit dem Körper in Verbindung gebracht.

Dies versucht die Bioenergie nun zu korrigieren, indem sie die Seele als inkorporiertes Element betrachtet. Für den Heilungsprozeß gibt es in der Bioenergie keinen kartesianischen Dualismus.

In meiner Praxis sehe ich viele Patienten, bei denen der klassische Arzt keine Krankheitsursache feststellen konnte und wo die Diagnose »nervenkrank« lautete. In der Bioenergie-Therapie wird die innere Harmonie wiederhergestellt; dabei ist eine klare Prognose durchaus möglich: Der ganzheitliche Heilungsprozeß wird eintreten und den Menschen gesund machen. Hierauf beruht die Anwendung des Begriffs »Psychosomatik«. Das Mysterium Mensch offenbart sich.

Während der Vorlesung kommt ferner das Herz aus medizinischer Sicht zur Sprache. Auch dies mit dem Ziel, die

Kandidatinnen mit der Funktion des Herzens vertraut zu machen.

Wie beim Nervensystem gewinnt auch der Herzbegriff für die Lernenden während der Ausbildung an Bedeutung: Alle Krankheiten sind auf ein blockiertes Herzchakra zurückzuführen.

Bei bestimmten Gefühlen wie z.B. Traurigkeit schließt sich das Herzchakra. Es kommt zu Atemnot und sogar Herzrhythmusstörungen. Denn in diesem Fall entsteht ein Stau in der Herzgegend. Die Energie kann nicht mehr weiter nach oben fließen, sondern wird gestoppt und fließt als negative Energie wieder nach unten zurück; dies wiederum kann zu Prostataleiden oder sexuellen Störungen führen.

Ist das Herzchakra blockiert, so muß auch unwillkürlich eine Störung des Kehlkopfchakras auftreten. Dies wiederum führt automatisch zu Kopfweh, Migräne und Augenproblemen.

Der Schulmediziner stellt vielleicht anatomische Herzprobleme fest, kann sie jedoch nicht in diesen komplexen Zusammenhang stellen. Er verschreibt Herzmittel, z.B. Betablocker.

Kann die Bioenergie hier eingreifen, so sind Medikamente unnötig. Aufgrund der Therapie löst sich die Stagnation auf, das Herzchakra wird frei.

Von diesen und den anderen wichtigen Chakras und deren Aufgaben werden wir weiter unten mehr erfahren. Doch sollte nun klar sein, weshalb während dieser Vorlesung gerade die Funktion des Herzens näher erläutert wird.

7. Meditationsseminare

Unter der kompeteten und sympathischen Leitung der ersten in meinem Institut diplomierten Bioenergie-Therapeutin, Frau Jolanda Sabino, kommt es während der Meditationsseminare auf der Grundlage des Chakrasystems zu Erfahrungen mit dem eigenen Prana. Dem Meditierenden wird ganz warm, er spürt die Energie in sich, die Lotusblume öffnet sich. Ebenso das Wurzelchakra, was aufgrund der Tabuisierung durch die Kirche oft unerwähnt bleibt. Ohne offenes Wurzelchakra könnte man aber lediglich von einer Pseudospiritualität sprechen.

Der interessierte Leser wird die Parallele zu Yoga oder dem Schamanismus bemerkt haben, wo es auch darum geht, den Menschen freizumachen, die Rotation der Energie im Körper von unten her zu aktivieren. Ebenso wird deutlich, daß sich auch die Chakrameditation auf die Mutter Erde bezieht.

Während der Seminare ist das Zusammengehörigkeitsgefühl der Gruppe sehr wichtig: Wenn Menschen mit gleicher Motivation und gleichem Interesse versammelt sind, so tritt das Gefühl des ›heiligen Geistes‹ ein. Der einzelne fühlt, daß er nicht anders ist als alle anderen, daß alle gleich sind. Er fühlt, was Gemeinsamkeit, Gleichheit im Beruf bedeuten. Er fühlt sich einfach als Mensch, findet zu innerer Ruhe und Sicherheit, lebt im Moment selbst. Die letzte Spur einer möglichen Aggressivität verschwindet.

All dies bringt Harmonie ins Leben, was sich wiederum auf andere Menschen überträgt. Negatives Denken und Angst sind Ausdrücke, die dieser Mensch, in unserem Falle die Kandidatin, nicht mehr kennt. Ihr hat sich das eigene wirkliche Leben offenbart. Sie spürt, wie tief das Dasein reicht; sie hat ein Verständnis für ihr Unterbewußtsein. Dies zeigt sich auch in einem tiefen erholsamen Schlaf.

8. Zum Individuationsprozeß

So nimmt der Individuationsprozeß der Kandidatin allmählich seinen Lauf. Viele Menschen beschäftigen sich nicht mit ihrem »animus« bzw. ihrer »anima«, dem Schatten, dem Unterbewußtsein. Doch sollten sich alle früher oder später einmal damit auseinandersetzen, sonst kommen Zweifel über das eigene Leben auf; man stellt sich die Frage: »Quo vadis?«.

Die Ratio-Jungianer wollten nicht so weit gehen. Die Quintessenz der Jungschen Psychologie aber, die Selbstrealisierung, ist die Heilkraft durch den Individuationsprozeß.

Jeder Mensch soll sich selbst realisieren, sein Leben so leben, wie es für ihn stimmt und ihm entspricht.

Das Selbst ist eine ganzheitliche Medizin, wodurch der Mensch zur Gesundheit findet. So viele Menschen sind krank, vom richtigen Weg abgekommen, leben ohne Harmonie zwischen Körper und Seele und infolgedessen ohne Geist, was zu einer Disharmonie führt. Das Wissen um das eigene Selbst ist der Weg zur Gesundung.

Der Kurs »Seminar über den Individuationsprozeß« umfaßt 10 Abende à 2 Stunden, also »lediglich« 20 Stunden. Der Kandidatin kann in diesem Rahmen natürlich nur eine Einführung, eine erste Kontaktnahme mit diesem Prozeß geboten werden.

Während der Seminare werden Märchen analysiert, kommentiert und interpretiert, um das Verstehen des Individuationsprozesses zu erleichtern.

Mit großem Wissen und viel Geschick versteht es Frau Brigitte Jacobs, den Kandidatinnen mittels Märchen die Individuation auf interessante Weise näher zu bringen.

9. Aktive Imagination nach C.G. Jung

Erst gegen Ende der Ausbildung erfolgt dann noch die Beschäftigung mit der ›aktiven Imagination‹. Nicht zu unrecht wird oft behauptet, mit dieser Art von Meditation müsse vorsichtig umgegangen werden, um nicht zu tief zu gelangen.

Dies trifft z.B. für Neurotiker zu, deren neurotische

Phantasien sich sonst noch verstärken könnten. Ist der Mensch, in unserem Falle die Kandidatin, nun aber gesund, verfügt sie über ein starkes Ego, so führt die Förderung der Phantasie zu mehr Kreativität und Lebensfreude. Glück und Fröhlichkeit werden Bestand haben.

Auch der Dozent dieses Seminars, Dr. Federico de Luca-Comandini, gehört, wie alle anderen, zu der Gruppe um Marie-Louise von Franz; seine Verlässlichkeit und die sympathische Art, mit denen er den Kandidatinnen den nicht einfachen Stoff näher zu bringen versteht, weiß ich sehr zu schätzen.

B) Die Organisation des Instituts

1. Dozenten und Unterbringung

Zu Beginn der Institutsgründung bildeten wir ein Komitee aus Jungianern; doch waren nicht alle unter ihnen, namentlich die Ärzte, vorbehaltlos begeistert vom Vorhaben: Sie hatten Angst vor der Idee ›Geist‹. Meine innere Stimme regte mich aber immer wieder zum Weitermachen an. Womöglich besteht hierin meine Aufgabe, mein Individuationsprozeß.

Noch ungelöst war das Problem der Unterbringung des Instituts. Auch hierbei hörte ich wieder auf meine innere Stimme, die mir versicherte, daß im selben Haus über mir irgendwann etwas frei werden würde. Alsbald ließ mich dann der neue Hausbesitzer auch wissen, der Architekt, der den 2. Stock bewohne, werde bald ausziehen und ich könne die Räume haben.

Es hätte auch die Möglichkeit bestanden, das Ausbildungszentrum gegenüber dem jetzigen Standpunkt unterzubringen, doch wäre dies natürlich äußerst unpraktisch gewesen. Deshalb nahm ich das Angebot des Hausbesitzers gerne an.

Die Patienten stellten sich »wie von selbst« ein; ebenso die interessierten Kandidatinnen. Dabei stieß ich auf ausnahmslos sympathische Menschen. Genau gesagt begannen 18 im ersten Sommer ihre Ausbildung mit einem Meditationsseminar, das über einen Zeitraum von 6 Monaten stattfand. Mit einer Ausnahme sind heute alle von ihnen diplomiert. In keinem Falle soll dabei jemand gedrängt werden. Z.B. bekam eine sich noch in Ausbildung befindliche Kandidatin plötzlich Herzprobleme, worauf wir mit ihrer weiteren Ausbildung erst einmal abwarteten. Nun wird aber auch sie sich bald diplomierte Bioenergietherapeutin nennen können.

Heute dauert die Ausbildung, wie wir sie nun kennengelernt haben, 2½ bis 3 Jahre.

2. Das Resultat

Wenn die Kandidatin all diese Kurse und Erfahrungen durchlebt hat, hat sie das Wissen zum Selbst erlangt. Erst dann kann es zur Einheit von Körper, Seele und Geist kommen und sie zu einem vollendeten Menschen werden. Das Immunsystem ist gestärkt, der Weg zum perfekten Menschen geebnet, das Ziel des »homo perfectus, homo totus« also ein weiteres Stück näher gerückt und greifbarer geworden. Die Kandidatin wird kaum mehr an einer Erkrankung leiden, weder psychischer noch körperlicher Art.

Während ein schwacher, kranker Mensch an einer Störung, einer Disharmonie zwischen Körper, Seele und Geist leidet, hat unsere Kandidatin nun zur eigenen Kraft gefunden, die sie fortan auch wird weitergeben können.

Zusammenfassend läßt sich also feststellen, daß die Selbstverwirklichung äußerst eng mit körperlicher und seelischer Entwicklung sowie einer geistigen Präsenz einhergeht, was sich zudem automatisch auf das Immunsystem auswirkt.

Dieser gesunde Mensch, unsere einstige Kandidatin, kann jetzt ohne Vorbehalt mit anderen Menschen in Kontakt treten und Hilfe leisten. Ihre Behandlungs-Methode basiert auf dem Chakra-System, das wir im folgenden näher kennenlernen werden.

KAPITEL IV: DIE EINZELNEN CHAKRAS UND IHRE BEDEUTUNG

A) Die Chakras der Mutter Erde

Die Wichtigkeit und das Prinzip der Chakras haben wir bereits kennengelernt (s. Kapitel I, B 4). Nun geht es um eine eingehendere Beschreibung der einzelnen Energiezentren und deren Funktion.

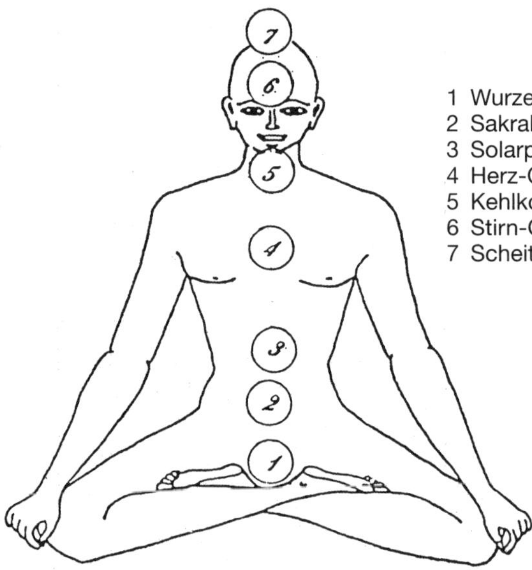

1 Wurzel-Chakra
2 Sakral-Chakra
3 Solarplexus-Chakra
4 Herz-Chakra
5 Kehlkopf-Chakra
6 Stirn-Chakra
7 Scheitel-Chakra

Abbildung 1

Die sieben Hauptchakras der Wirbelsäule

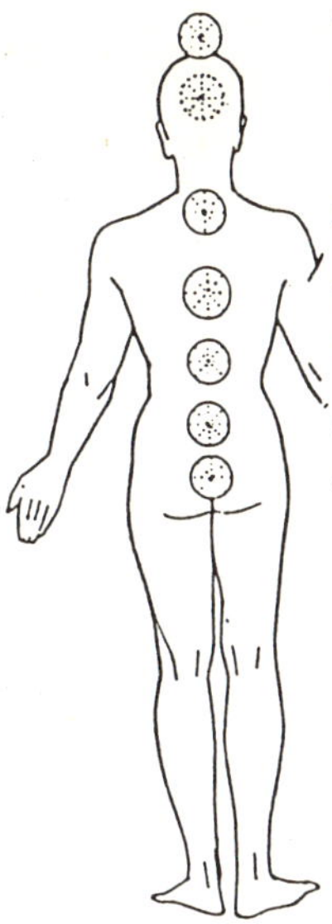

Drüse	*Regierte Organe*
Zirbeldrüse	Obere Gehirnhälfte, rechtes Auge
Hirnanhangsdrüse	Untere Gehirnhälfte, linkes Auge, Ohren, Nase, Nervensystem
Schilddrüse	Bronchien, Stimmapparat, Lunge, Speiseröhre
Thymusdrüse	Herz, Blut, Vagusnerv, Kreislauf
Bauchspeicheldrüse	Magen, Leber, Galle, Blase, Nervensystem
Geschlechtsdrüsen	Fortpflanzungsapparat
Adrenalindrüsen	Wirbelsäule, Nieren

Abbildung 2

1. Wurzelchakra

Bei Arthur Avalon (»Schlangenkraft«) erfahren wir über das Wurzelchakra unter anderem folgendes:

»Das erste Zentrum, das Muladhara-Chakra – das so bezeichnet wird, weil es die Sushumna-Wurzel darstellt, an der die Kundalini ruht – liegt im Vereinigungspunkt des Kanda (dem Ursprung aller Nadis) mit der Sushumna Nadi mitten zwischen den Genitalien und Anus.«[21]

Hierbei handelt es sich also um das Zentrum der sexuellen Gefühle. Dieser Punkt repräsentiert eigentlich die Mutter Erde. Kann ein Mensch keine sexuelle Liebe geben, so spricht die Medizin von Impotenz bzw. Frigidität. Dabei liegt der Grund dafür in einem verschlossenen Energiezentrum. Wer ein erfülltes Sexualleben genießen kann, dessen Wurzel- und Herzchakra werden sich entkrampfen und umgekehrt: Ein offenes, freies Wurzel- bzw. Herzchakra ermöglicht sexuelle Erfüllung.

Bei blockiertem oder ungenügend arbeitendem Wurzelchakra können bei Frauen Gebärmutter- oder Eierstockprobleme, bei Männern Hoden- oder Prostataleiden auftreten.

Allgemein beeinträchtigt werden können zudem die Mast- und Dünndarmfunktionen. Und nicht zuletzt lassen sich auch Krebsleiden auf diese Disharmonie zurückführen!

Gerade für Frauen stellt die Sexualität heute immer noch ein Tabu dar. Vorherrschend ist das mechanische Denken, Gefühle werden verdrängt. Nur allzu oft kommt es dadurch zu Erkrankungen, die wiederum zu operativen Eingriffen führen.

Ist ein Patient noch stark in Tabus verhaftet, so kann die Bioenergie-Therapie nur schwer Erfolge zeitigen. In diesem Falle sollte die Therapeutin selbst unbedingt über diesen Tabus stehen und versuchen, dem Behandelten auch mit verbaler Therapie zu helfen.

Wenn das Wurzelchakra hingegen in Harmonie ist, wenn der Mensch zu sexueller Erfüllung findet, wird sich ein unbeschreibliches Glücksgefühl einstellen, das gesund macht bzw. hält.

In engem Zusammenhang mit der guten Funktion des Wurzelchakras steht eine umso einfachere Selbstverwirklichung.

2. Sakralchakra und die sogenannten Vitalpunkte

Die Japaner situieren ersteres zwei Finger breit unter dem Nabel und nennen es »Kikai«; interessanterweise besteht dieses Wort aus »Ki«, was mit Energie gleichzusetzen ist, und dem Begriff »kai«, was so viel heißt wie Ozean, seinerseits Sinnbild für das Zentrum der Energie.

Dieses Energiezentrum ist zuständig für kreatives Schaffen, Gefühl, Erfolg und verantwortlich für den adrenalen Inhalt der Nebennieren, da es mit ihnen verbunden ist.

Beeinflußt wird auch der Blutdruck; zudem wird durch dieses Zentrum die Leber mit Hormonen und Mineralien versorgt.

Und nicht zuletzt sind sowohl das Sakralchakra als auch der Solarplexus (s. 3.), beide mit Drüsen verbunden (vgl. Abb. 2), dann von besonderer Wichtigkeit, wenn jemand an Depressionen leidet. Sind beide frei, so gewinnt der Patient seine Fröhlichkeit zurück; ebenso stellt sich die Kreativität wieder ein.

Sollte ein Stau festgestellt werden, so muß dieser unbedingt, nach vorhergehender Polarisierung, aufgelöst werden.

Seitlich des Sakralchakras gelegen befinden sich die sogenannten Vitalpunkte. Die Bezeichnung für diese beiden wichtigen Stellen ist auf Geheiß meiner inneren Stimme entstanden.

Von hier strömt eine sehr starke Energie aus, die vor allem den Adrenalinfluß, den Blutdruck sowie den Blutzuckerspiegel entscheidend beeinflußt.

Für den Heilungsprozeß haben sich daher eben diese Vitalpunkte als sehr wirksam herausgestellt: hier läßt sich die Lebensenergie besonders gut polarisieren.

3. Solarplexus

Dieses Chakra, auch Sonnengeflecht genannt, vom Nabel bis zum Zwerchfell reichend und zwischen den Rippen gelegen, wird in der indischen Lehre Manipura-Chakra genannt.

Entscheidend ist dieses Zentrum für das gesamte Verdauungssystem.

In einem Bericht über die vier englischen Seminare von C.G. Jung, die er im Oktober und November 1932 hielt, sprach er über das Manipura-Chakra:

»Das Manipura-Chakra ist eine Art Küche, so, wie der Magen die Küche des Leibes ist, wo mit dem Blute geheizt wird und wo Speisen zubereitet werden. Man kann sagen, daß das Kochen einen Teil der Verdauung vorwegnimmt ... Die Küche ist der Magen des Hauses, das alchemistische Laboratorium, in dem die Dinge verwandelt werden. In den Chakra bedeutet manipura das gleiche. Auch hier wird durch Feuer eine Verwandlung bewirkt, und über dem Zwerchfell, im nächsten Zentrum, finden wir ein ganz neues Element: die Luft«.[22]

Auch das richtige Funktionieren von Magen, Milz, Leber und Galle ist davon abhängig. Verbunden ist das Chakra mit dem vegetativen Nervensystem.

Auch für die Intensität der Lebensfreude ist dieser Punkt entscheidend. Bei Unterfunktion kann es zu Depressionen oder Stoffwechselstörungen kommen.

B) Unser Zentrum: Das Herzchakra

1. Beschreibung des Herzens

Das Herz wird in der ganzen Welt, egal ob Ost oder West, als das eigentliche Zentrum des Menschen betrachtet.

Es ist die eigentliche Quintessenz unseres Lebens; auch die Kirche, die Indianer, die Taoisten oder Buddhisten bezeichnen das Herz als Zentrum, ohne das alles andere stehen bliebe.

Bei D. Tansley lesen wir:

»In den Veden wird das Herz als Wohnung Brahmas oder als spirituelles Zentrum der Bewußtheit bezeichnet und mit dem hängenden Kelch einer Lotos- oder Bananenblüte verglichen. Dort wird auch gesagt, daß Gott im Hohlraum des Herzens wohne und es mit Unsterblichkeit, Licht und Intelligenz fülle.«[23]

Und etwas später:

»Nach den vedischen Lehren ist das im Herzen verankerte Lebensprinzip des Menschen in der Lage, sich mit dem Blut zu vermischen und so die Lebenskraft oder Prana in alle Bereiche des Organismus zu tragen. Prana heißen alle Energiekräfte, die aus der Sonne fließen. In Zusammenarbeit mit der Milz verteilt das Herz diese solaren Energien, um die physische Form zu beleben.«[24]

In Frank Nagers bereits zitiertem Werk »Das Herz als Symbol« lesen wir in der Fortsetzung:

»Jene frühen Kulturen, welche Körper und Seele in ihrer ursprünglichen Einheit sehen, erkennen im Herzen die ungeteilte Mitte des Menschen. In dieser »tiefsten Herzenstiefe« spricht er zu sich selbst. Hier gründet sein gesamtes Verhalten, im Guten wie im Bösen. Hier ist er gefordert, wenn er sich entscheiden muß.«[25]

Wenn der Geist eingetreten ist, so kommt auch das Gefühl auf: »Ich bin nicht allein«, worauf sich das Herz noch mehr öffnet. Christus oder Buddha, das Selbst, lebt im Unterbewußtsein, wenn das Herz offen ist. Nun verkörpern Sie in sich selbst Gott. Oder sagen wir es so: das Herz macht unsere Persönlichkeit aus.

2. Das Herzchakra

Das Herzchakra ist das Zentrum der Emotionen, der Liebe. Wieviele Menschen können heutzutage keine wahre Liebe mehr empfinden! Wem sie fehlt, der erlebt so etwas wie einen Schockzustand; jegliches Vertrauen geht verloren, der Betreffende wird harmonielos. Die Folgen sind nicht selten Asthma, Herzrhythmusstörungen bis hin zur Erkrankung an Polyarthritis usw.

Ist das Herzchakra aufgrund kumulierter ungelöster Probleme verschlossen, so kann dies bis zu brutalem oder gar kriminellem Verhalten führen. Auch Schizophrenie, bzw. physische oder psychopathische Krankheiten lassen sich darauf zurückführen.

Das Herzchakra steht in Verbindung mit dem Kronenchakra, dem Vater Himmel also, und dem Wurzelchakra, der Mutter Erde.

Sowohl vom Herzchakra als auch vom Wurzelchakra sind instinktive und spirituelle Liebe abhängig. Wer in der instinktiven Liebe keine Erfüllung findet, der wird auch keine spirituelle Liebe entwickeln können. Beide Chakras sind koordiniert. Auch mit den anderen Zentren ist unser Herzchakra verbunden.

Bei geöffnetem Herzchakra kommt die Lebensfreude zurück, die Liebe zu sich selbst und zum Nächsten lebt spontan wieder auf. Auch instinktive, erotische Liebe stellt sich erneut ein.

Zudem bedeutet ein offenes Herzchakra – für mich übrigens die Herberge Gottes – ein Zentrum der Liebe; auch Liebe zur Natur und zu Tieren.

Ein freies Herzchakra bringt Standfestigkeit ins menschliche Leben. Es begünstigt und unterstützt dadurch den Selbstverwirklichungsprozeß.

Die Liebe zu sich selbst war über verschiedene Zeiträume hinweg, nicht nur in der Theologie, sondern auch für die Anthropologie, Philosophie, Psychologie und Soziologie ein großes Thema.

Heute aber, in unserer von Lieblosigkeit geprägten Welt, wage ich zu behaupten, daß alle Probleme ihren Ursprung in einem blockierten Herzchakra haben: Es gibt keinen Platz für den guten Geist. Wie viele Menschen sind heutzutage kalt und zeigen kein Interesse für andere! – Ganz verständlich, schließlich wird ihr Herz (noch) nicht von Gott bewohnt.

Wie gesagt, ist ein blockiertes Herzchakra für unzählige Patienten die Krankheitsursache. Gleichzeitig stellt es für die Therapeutin ein offenes Buch der Probleme der Patienten dar.

Bei der Diagnose spüren die Finger der Behandelnden,

daß die Gegend des Herzchakras so hart wie Stein ist. So können auch äußerst nette Menschen mit der Zeit böse, aggressiv werden.

3. Ursachen eines geschlossenen Herzchakras

Wo können nun die Ursachen für eine Blockade liegen? Viele, ja die meisten Menschen leben heute unter dem Eindruck irgendeines Schockerlebnisses; Politiker ebenso wie Arbeitslose, um nur zwei recht ungleiche Beispiele zu nennen. Dies verletzt den Menschen so stark, daß er seelisch nicht weiterkommen kann.

Oft wird dieser Schock bewußt erlebt; dann besteht die Chance, daß das Herzchakra nicht ganz verschließt. Wer sich aber seines Erlebnisses nicht bewußt ist, dessen Chakra schließt sich.

Solch ein Mensch lebt dann nicht mehr als Mensch. Vielmehr kehrt sich das Tierische, das Instinktive heraus – ein Grund z.B., weshalb es gerade in unseren Tagen so oft zu grausamen Kriegen kommt.

Viele Menschen versinken geradezu in ihren Ängsten, sind streitsüchtig, können nur noch Haß empfinden und weitergeben. Der gute Geist hat sie verlassen.

Die Zeiten, in denen Ängste durchlebt werden, sind sehr schwer für den Betroffenen. Unbewußt kommt es zu Aggressivität, gefolgt von Brutalität.

Brutale Menschen haben ohne Hilfe, ohne Therapie keine Chance, je Liebe zu empfinden. Stellen wir uns nun aber einmal vor, all diese Menschen würden den Weg in unser Institut finden, damit wir ihr Herzchakra öffnen könnten – ein Traum! Die Menschheit würde glücklicher und zufriedener. Unsere Welt könnte sich ändern; Kriege würden vielleicht der Vergangenheit angehören. Denn die heutige Zeit ist nichts anderes als das Abbild einer verkrampften Situation.

4. Folgen eines geschlossenen Herzchakras

Die Folgen dieser Belastung sind natürlich Traurigkeit, Hoffnungslosigkeit, Angst, insbesondere Existenzangst; die Angst aber auch, isoliert zu sein, z.B. nach Auflösung einer Freundschaft. Vergessen wir nicht die Prüfungsängste sowie die beängstigenden Probleme überhaupt, mit denen wir in der Gesellschaft immer wieder konfrontiert werden.

Menschen, deren Herzchakra blockiert ist, sind pessimistisch und können ihre Energie nicht weitergeben. Auch eine chronische Kraftlosigkeit charakterisiert sie. Hier äußern sich die Folgen einer Einheitslosigkeit.

Bei Schizophrenie z.B. bewohnt nicht Gott das Herz, sondern es hat ein schlechter Geist Besitz davon ergriffen; der Kranke ist einheitslos.

Es fehlt an Ehrlichkeit, Offenheit, Spontanität. Ebenso muß der Glaube an die Existenz Gottes verloren gehen. Doch ohne Gott und Geist ist ein dynamisches Denken unmöglich.

Zudem ist bei solchen Patienten die Lebensfreude eingeschränkt. Sie sind sehr nervös, wirken auf ihre Umgebung trocken. Schon beim allerersten Kontakt mit einem Menschen erkenne ich, ob das Herzchakra blockiert ist. Personen, bei denen dies nicht der Fall ist, treten einem offen, herzlich, freundlich und fröhlich entgegen.

Auch aus der Körperhaltung läßt sich vieles erkennen: Wer mir mit einem eingefallenen Brustkorb entgegenkommt, dessen Herzchakra ist mit größter Sicherheit nicht offen.

Aufgrund des durch die Behandlung nun aktivierten Energieflusses kommt es zu einem Kampf zwischen dem neu eingetretenen guten Geist und dem bösen, der vertrieben werden muß.

Nehmen wir ein konkretes Fallbeispiel, das die Wirksamkeit eines geöffneten Herzchakras verdeutlicht:

Einmal klagte eine Patientin über starke Bauchschmerzen, die Tag und Nacht anhielten. Bei der Behandlung mußte ich einen enormen Energiestau in der Gegend des Herzchakras feststellen. Nach mehrmaliger Behandlung löste sich diese Blockade auf; gleichzeitig verschwanden auch die Bauchschmerzen.

Rückenprobleme ebenso wie Beinbeschwerden rühren ebenfalls von einem geschlossenen Herzchakra her, da die Energie an diesem Punkt stagniert und als negative Energie zurückfließt.

In diesem Moment fließt die Energie von oben nach unten und nicht umgekehrt, wie es eigentlich der Fall sein müßte.

Ich habe viele Frauen und Männer in meiner Praxis gehabt, bei denen mir durch die Öffnung des Herzchakras eine Heilung gelang.

Von diesen Phänomenen und Zusammenhängen hat die heutige klassische Medizin keine Ahnung und kann demzufolge keine Krankheitsursache feststellen.

5. Das Herzchakra und die kirchliche Autorität

Unsere heutige Welt ist völlig paradox: Auf der einen Seite stehen wir dem starken Druck der Kirche gegenüber, die Liebe fordert; ebenso sind wir konfrontiert mit der Autorität im täglichen Leben: überall ist alles gesetzlich geregelt. Dabei wird andererseits das Individuum als solches vergessen; der einzelne kann seine Wünsche nicht einmal mehr äußern. Wie soll sich in einer so traurigen Situation das Herz öffnen können?

Auch hier müssen wir die Idee der Kirche korrigieren: Die Forderung nach Liebe ist nur zusammen mit erotischer Liebe möglich.

Allein Gott zu lieben ist eine Illusion; bleiben wir auf dem Boden, bleiben wir Realisten. Sonst ist Liebe nur noch ein Wort – ein gefährliches Spiel.

Menschen, die sehr stark in der Kirche verwurzelt sind,

haben ein sehr nettes und hilfreiches Auftreten, im Sinne der göttlichen Aufopferung. Doch das ist Heuchelei.

Alles geht vom Herzen aus. Aber wie soll ein Mensch nett sein, nur Liebe geben, so wie dies die Kirche fordert, wenn das Herzchakra verschlossen ist?

Wird ein und dieselbe Familie des öfteren mit viel Schlechtem konfrontiert, so muß in deren Herzen sogar ein schlechter Geist wohnen.

6. Das Herzchakra in der Bioenergie-Therapie

Viele Menschen suchen heute umso häufiger eine Antwort, einen Halt, indem sie Zuflucht z.B. in der Meditation oder bei Esoterikern nehmen.

Doch letztere gerade sind oft nur mit der Materie verbunden; noch dazu sind viele von ihnen Scharlatane! Da ist es schon besser, zu meditieren, um zu einem guten Leben zu finden.

Da nun aber so viele starke Einflüsse von außen auf einen einwirken, ist es ungemein schwierig, nicht vom guten Weg abzukommen. Vor sich sieht man nur noch Dunkelheit; der richtige Weg ist nicht einmal mehr erkennbar. Es herrscht Chaos und eine Konfusion.

Dabei Hilfe zu leisten ist die große Aufgabe unserer Therapie: Optimismus kann erweckt werden, indem der Weg frei gemacht wird für das Fließen des Prana.

Wie wir bereits wissen, arbeiten Körper und Seele zusammen und sollten eine Einheit bilden; dazu muß in erster Linie der Körper stimuliert werden; verbale Therapien allein genügen nicht. Ohne körperliche Vitalität lassen sich die Chakras nicht öffnen.

Das Hauptaugenmerk muß, so lehrt mich die Erfahrung, dem Herzchakra gelten, immer wieder mit dem Ziel, die Koordinierung mit den übrigen Energiezentren wiederherzustellen und auf diese Weise mögliche Blockaden anderer Chakras zu vermeiden.

Ein Mensch mit dieser Erfahrung kann auf andere zugehen. Angst kennt er nicht mehr, und zwar in keiner Hinsicht.

Ebenso kann ich erfahrungsgemäß sagen, daß die geistige Präsenz sich in eben dem Moment einstellt, in dem sich das Herzchakra öffnet.

Nach und nach kehrt während der Behandlung ein guter Wind ein und das Glücksgefühl kommt zurück. Eine etwaige Impotenz bzw. Frigidität ist verschwunden.

Meine Forschung über die Chakras war langwierig. Aber sie hat mir gezeigt, daß Blockaden der Energiezentren, vor allem des Herzchakras, zu tierischem Verhalten führen.

Ist der Körper nicht mit Hilfe der Bioenergie aktiviert, so bedeutet Liebe nur mehr ein Wort, eine Philosophie vielleicht.

Einmal mehr wird deutlich, welche Bedeutung unserer Therapie zukommt. Wir sprechen hier nicht von Utopie, vielmehr von einem nachvollziehbaren Prozeß.

7. Das Herzchakra und der Individuationsprozeß

Durch ein blockiertes Herzchakra wird ebenfalls der Individuationsprozeß, die psychologische Transformation, die Jung stets mit der Alchemie verglichen hat, deutlich erschwert.

Der Weg zum »homo totus« ist von Mensch zu Mensch sehr unterschiedlich: Jeder muß sein Ziel auf seine Weise finden. In einem Punkt jedoch sind sich alle Prozesse gleich: Am Ende des Individuationsprozesses findet der Mensch den »anthropos«, bzw. den ganzheitlichen Menschen, in sich.

Die Komplexität des Themas dürfte deutlich geworden sein. Wenn aber das Herzchakra offen ist, wenn es eine Brücke zwischen Vater Himmel und Mutter Erde bildet und den anderen Zentren Energie zufließen kann, so ist auch ein Individuationsprozeß möglich.

Sobald das Herzchakra offen ist, ist die Einheit Körper-Seele verwirklicht; der gute Geist tritt ein. Also ist dies ein Prozeß, der seinen Quell im Herzen hat. Der Energiestrom der Kundalini steigt nach oben. Das nannte Jung, sagen wir es nochmals, Transformation oder Umwandlung zum »homo totus«.

Was nun folgt, ist die Verwirklichung des Selbst; Lebensfreude tritt ein, die Fähigkeit, den eigenen Weg zu gehen. Das sexuelle Leben wird zum Genuß und kann zu einem ganz neuen Erlebnis werden.

Umgekehrt verunmöglicht eine Verengung oder Blokkierung des Herzchakras ein Weitergehen in Richtung Vater Himmel.

Hierin besteht der Zusammenhang zwischen dem Herzchakra und unserem Individuationsprozeß.

Sich des eigenen Schattens bewußt zu werden, Probleme zu erkennen ist eine harte Arbeit, ein Weg voller Dornen.

Während des Individuationsprozesses wird man in jedem Moment mit den eigenen Problemen konfrontiert. Dafür legt sich einem nach und nach die innere Welt offen dar – es lohnt sich also in jedem Fall, den Kampf auf sich zu nehmen.

8. Das Herzchakra und die Mandalarotation

Ist das Herzchakra als Brücke wieder intakt, so stellt sich die Mandalarotation von alleine ein, die gleichzusetzen ist mit Harmonie. Weiter vergleichen läßt sich der Vorgang mit einer kosmischen Rotation, wo Gott und Welt, also Makro- und Mikrokosmos in Einheit sind.

Es braucht ungemein viel, bis das Herzchakra offen ist. Deshalb muß die Therapeutin sich vor allem darauf konzentrieren.

Die große Zahl der Menschen mit blockiertem Herzchakra, mit körperlichem Leiden also, ist beängstigend, auch wenn eigentlich nicht für unser Institut: Jeder müßte zu uns kommen und sich behandeln lassen – unsere Existenz dürfte gesichert sein . . .

Vom psychologischen Standpunkt her gesehen führt diese Blockade zu Neid, Haß, Machtgier, Ehrgeiz, Geldgier – Jung nennt diese Eigenheiten »autonome Komplexe«.

Viele Patienten sind dadurch geheilt worden, daß die Energie wieder zum Fließen gebracht wurde. Besonders bei einer Blockade kommt es zu einer Disharmonie. Nach der Heilung tritt Gott in uns, der Mensch wird wieder zum Realisten, zum glücklichen Menschen, der kaum mehr erkranken wird.

Das Herz ist der Urquell der Liebe, etwas Mystisches. Vieles scheint im archetypischen Hintergrund versteckt; einmal mehr stoßen wir auf ein kosmisches Gesetz.

Mit offenem Herzchakra bildet sich zudem ein Schutzmantel, von dem eine Radiation ausgeht: die »anima mundi«, die Einheit von Körper und Seele. Dadurch wiederum bleibt eine regelmäßige Mandalarotation garantiert.

C) Die Chakras des Vater Himmel

1. Kehlkopfchakra und die sogenannten Wunderpunkte

Das Kehlkopfchakra, auch Halschakra genannt, befindet sich oberhalb des Herzchakras, zwischen dem Kleinhirn und der Wirbelsäule, auf der Höhe der Schilddrüse, mit der es auch verbunden ist. Ebenfalls in direkter Verbindung steht es mit dem Rückenmark und dem Nervensystem.

Dieses Energiezentrum ist verständlicherweise automatisch auch verschlossen, wenn das Herzchakra blockiert ist. Eine Blockade des Kehlkopfchakras kann außerdem auf eine falsche Haltung vor dem Computer zurückgeführt werden und ist daher ein häufig festgestelltes Symptom.

In beiden Fällen stagniert der Energiefluß und gelangt nicht mehr bis zu den Händen; daher klagen viele Menschen über kalte Hände. Allmählich, nach wiederholter Aktivierung des Energieflusses, werden aber auch diese Extremitäten warm.

Beeinflussend wirkt dieser Punkt außerdem auf den Lungenbereich, die Luft- und Speiseröhre, Hals, Nacken, Halswirbelsäule, den Kieferbereich, die Ohrengegend, Geschmacksnerven, sowie den gesamten Stimmapparat.

Menschen mit blockiertem Kehlkopfchakra leiden oft an Asthma oder Lungenproblemen. Ebenso können Konzentrationsschwächen auftreten.

Mit offenem Kehlkopfchakra stellt sich dann aber eine freie Atmung ein. Im selben Moment, in dem die Energie wieder ungehindert fließen kann, werden auch Wellen ausgesandt, die in den Blutfluß gelangen: Der ganze Körper profitiert von einer besseren Zirkulation.

Dieses Chakra ist das Zentrum der Kommunikation zwischen dem Bewußten und dem Unbewußten, vergleichbar mit einem Telefonnetz. Wenn der Patient spürt, daß der telefonische Kontakt mit Tokyo oder New York, sprich den entferntesten Extremitäten, den Füßen, hergestellt ist, so hat sich der Energiefluß normalisiert, zuerst in vertikaler Richtung und von da aus dann in die Breite ausstrahlend.

Äußerst heilsam wirkt zusätzlich kreatives Denken, unterstützt durch esoterische Musik oder angenehme Gesellschaft. Das Empfinden von Schönheit stellt einen maßgeblichen Beitrag zur Heilung dar. Helfen kann auch inspiratives Malen oder Meditation, um Kreativität, Fröhlichkeit und das Glücksgefühl wieder aufleben zu lassen.

Seitlich am Hals, auf gleicher Höhe wie das Kehlkopfchakra, befinden sich die sogenannten Wunderpunkte.

Auch auf diese Bezeichnung bin ich durch eine Inspiration gestoßen.

Während meiner Forschungszeit stellte ich häufige und große Heilerfolge durch diese beiden Punkte fest. Denn von diesen beiden Stellen geht ein Energiestrom aus, der einerseits in die Hände, andererseits zum Solarplexus und hinten über die Schulterblätter bis zum Herzchakra hinunter flutet. Um dies zu bewirken, ist eine intensive Polarisierung der Energie nötig.

So lassen sich z.B. über die Wunderpunkte Asthma, Schilddrüsenprobleme und Heiserkeit heilen. Ebenso werden sich bei krankheitsbedingter Appetitlosigkeit Hunger und Durst wieder einstellen.

Auch hier ist eine Blockade nicht zuletzt auf seelische Belastungen zurückzuführen. Jeder Mensch muß darauf achten, unterschwellige Probleme nicht zu verdrängen, sondern sich deren vollständig bewußt zu werden. Nur so können größere Krankheiten verhindert werden.

Noch weiter nach oben gelangen wir zum ...

2. Stirnchakra

Einer Störung dieses Energiezentrums, z.B. nach einem Autounfall, steht die Schulmedizin oft machtlos gegenüber. Grund für die Symptome kann logischerweise ebenso eine Blockade des Herz- oder Kehlkopfchakras sein. Auch hier läßt sich dank der Bioenergie-Therapie der Energiefluß wiederherstellen.

Das Stirnchakra wird auch Drittes-Auge-Chakra genannt. Die amerikanische Schamanin Rheva la Rue* sprach von einem Stern, der durch das Dritte Auge als geistige Kraft und geistige Energie in den menschlichen Körper eintritt und von dort aus mit der Seele in Einklang kommt.

Vom Stirnchakra hängt allgemein auch die Funktion des

* Glücklicherweise konnte ich sie für ein Seminar an meinem Institut gewinnen

Dritten Auges, der Nase, der Stirn und der Ohren ab. Ebenso die Gesichtsdurchblutung: Man kann von einem gesichtskosmetischen Aspekt in der Bioenergie sprechen.

Viele Patienten mit Augenproblemen, zu denen heutzutage auch erschreckend viele Jugendliche gehören, kennen oft den Grund für ihr Leiden nicht. Bei diesen Patienten behandle ich das Stirnchakra besonders lange. Ziel ist wiederum eine Koordinierung, eine Harmonisierung der Energie.

Wenn ein Patient an einem verschlossenen Stirnchakra leidet, fühlt sich der gesamte Kopfbereich kalt an.

Wichtig ist ein Einbeziehen sowohl des Herz- als auch des Kehlkopfchakras, um so eine Einheit der drei Energiezentren zu erzielen.

3. Scheitelchakra

Hierbei handelt es sich um das oberste Nervenzentrum, auch Kronenchakra genannt. Dieser Name rührt von der Idee der geistigen Verbundenheit her, d.h. der Möglichkeit zur Kontaktnahme mit der geistigen Dimension.

Allgemein betrachtet die Psychologie dieses Zentrum als Sitz des Egos, des Bewußtseins. Auch Descartes' Denken beruhte auf dieser Idee (»cogito ergo sum« – Ich denke, also bin ich).

An dieser Stelle wird sich auch der »spiritus sanctus«, der heilige Geist also, vom Himmel her kommend, einstellen. Gleichzusetzen ist dieser Geist mit einer himmlischen Kraft, mit universeller Energie. Wer dies erfährt, hat keine Angst mehr, sondern verspürt viel Kraft und Mut.

Der Mensch, bezeichnenderweise »homo errectus«* genannt, kann sich nun zum Vater-Himmel emporrecken und über das Scheitelchakra in die geistige Dimension ein-

* Während des Schamanismuskurses in meinem Institut betonte der Dozent Dr. Daniele Ribola auf illustrative Weise immer wieder die Entwicklung des Menschen hin zur Vertikalität.

treten, wenn er mit beiden Beinen fest auf dem Boden steht. Ohne Basis, ohne Verbundenheit mit dem Boden, der Mutter Erde, ist der Kontakt zum Himmel nicht möglich.

Dabei ist gerade die Fähigkeit, sich nach oben richten zu können und nicht nur horizontal auf vier Beinen gehen zu müssen, das, was den Menschen vom Tier, selbst von den Affen unterscheidet.

Mit der Ausrichtung auf Vater Himmel entwickelt sich auch die Möglichkeit des freien Willens, die Fähigkeit zu antworten. Die Fortschritte erfolgen mit der Unterscheidung zwischen Händen und Füßen. Rein körperlich, paläonthologisch gesehen, steht seitdem das Herz im Zentrum und bildet die Brücke zwischen Mutter Erde und Vater Himmel.

4. Abschließende Überlegungen

In diesem Zusammenhang war es für mich immer von höchstem Interesse, daß Jung ebenfalls vom Eros, der Mutter Erde einerseits, und dem Logos, dem Vater Himmel andererseits sprach: Der Mensch braucht beide zusammen; das Unbewußte muß mit dem Bewußten gekoppelt sein. Ersteres wird mit der weiblichen Seite im Menschen gleichgesetzt; das Bewußte findet sein Ebenbild im männlichen Aspekt. Das Geistige des Menschen wird also oben lokalisiert, das Gefühlsmäßige unten.

Wenn die Energie von unten her in Fluß und schließlich in Rotation kommt, so sind wir auf dem Weg zum »homo totus«. Der kosmische Kreis verwirklicht sich, das Abbild von Mikro- und Makrokosmos stellt sich ein.

Während das Wurzel- und Sakralchakra sowie der Solarplexus die Mutter Erde, das niedere Selbst, das Elementare repräsentieren, streben die Chakras vier bis sieben Richtung Himmel, Richtung Vater, also hin zum höheren Selbst.

Vom Wurzelchakra aus gelangt die Energie über die Wirbelsäule hinauf zu einer höheren, geistigen Ebene.

Von der Mutter Erde, dem weiblichen Aspekt als Basis, aus, steigt die Energie Richtung Himmel. Von dort her wird sie zurückgenommen Richtung Erde: Die harmonische Mandalarotation ist Wirklichkeit geworden. »Anima Mundi« und »anima corporalis«*, Körper und Seele stehen im Einklang.

Interessant ist dieser Aspekt schon deshalb, weil viele Menschen glauben, die Energie fließe von oben her nach unten. Genau das Gegenteil ist der Fall: Der Energiefluß entspringt der Mutter Erde (vgl. Kundalini). Die Schlangenkraft gelangt zunächst von unten her bis ins Scheitelchakra; erst jetzt fließt sie wieder nach unten zurück. Durch die Polarisierung sind Yin und Yang harmonisiert. Das Ziel der Behandlung, der freie Energiefluß, ist erreicht. Der Patient erlebt seinen eigenen Individuationsprozeß.

Auf dem Buchrücken der englischen Ausgabe von A. Avalons »Schlangenkraft« wird diese Kraft zusammenfassend wie folgt beschrieben: Mythologisch ist sie ein Teil der Shakti (Kraft oder Energie); philosophisch gesehen ist sie gleichzusetzen mit dem Bewußtsein, mit kreativen Energie, die Körper und Seele ausmacht. Im Tantra wird sie als im menschlichen Körper latente, geheimnisvolle Kraft bezeichnet, die durch gezielte Praktiken, z.B. mittels spezieller Meditation oder bestimmter Yogaübungen, angeregt werden kann. Diese Kraft ist ganz einfach Gott: das eigentliche Kernstück östlicher Religionen, nicht nur des Hinduismus.[26]

Im Einband der italienischen Ausgabe wird von der Verbindung der Kundalini mit den Instinkten, insbesondere der sexuellen Energie gesprochen.

---

* s. C.G. Jung, »Psychologie und Alchemie«, Gesamtwerk Band 12, S. 223 und S. 324

Die Schlangenkraft sowie unsere Lebensquelle, die Mutter Erde, wird in der Bioenergie miteinbezogen. Ab jetzt wird jegliche Krankheit ausbleiben.

Später werden wir sehen, wie Sie, verehrte Leser, die beschriebenen Chakras selbst aktivieren können.

KAPITEL V: DER PRAKTIKUMS-LEHRGANG

Im folgenden soll nun erläutert werden, wie die angehende Therapeutin mit dem Chakra-Prinzip umzugehen lernt.

A) Erster Kurs: Behandlung auf der Wirbelsäule

Zu Beginn des Praktikums erfolgt die Behandlung stets auf dem Rücken des Patienten bzw. der Kandidatin.

Die Dauer jeder Behandlung beträgt 45 Minuten pro Kandidatin. Diese Zeit ist nötig, um den Energiestrom wirklich zu erfühlen.

1. Erster Teil: Solarplexus bis Sakralchakra

Die behandelte Kandidatin liegt auf dem Bauch, ihre Kollegin sitzt oder steht auf der rechten Seite. Mit einem Daumen wird die Wirbelsäule erspürt. Hier fließt die Energie am stärksten. (Der zweite Daumen ruht ohne Druck auf dem ersten). Ausgangspunkt ist der Solarplexus. Von hier aus wird nach unten hin behandelt: Die Kandidatin hat den Auftrag, der Mutter Erde einen Gruß zu bestellen und ihr Ehre zu erweisen. Umgekehrt gewährt letztere der Lernenden ihre Unterstützung.

Anfangs ist es angebracht, den Daumen lange auf der ersten Stelle zu belassen, bis der Kontakt wirklich hergestellt ist. Es gilt, die Ängste vor dem Drücken auf der Wirbelsäule zu überwinden.

Ziel der Kandidatin ist es, den starken Energiestrom auf

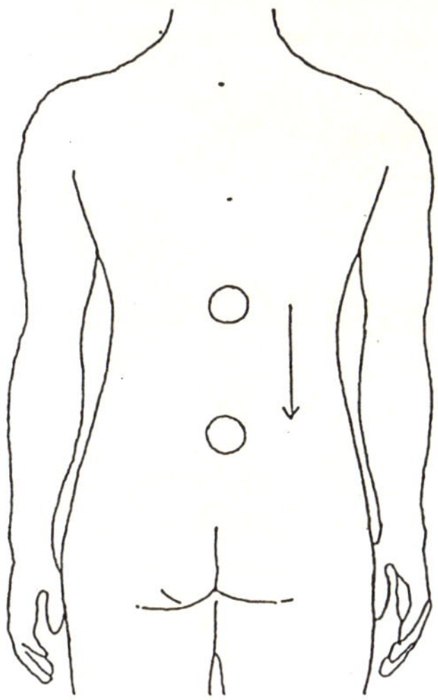

Abbildung 3

der Wirbelsäule zu erfühlen. Ich würde dies als Kontaktnahme von Seele zu Seele bezeichnen. Der Druck soll zunächst nicht stark sein. Erst wenn die »Kommunikation« hergestellt ist, darf er sich etwas verstärken, so als ob eine Antwort auf den Energieimpuls, also auf die Meldung der Seele, geschickt würde.

Die Augen der Therapeutin bleiben geschlossen, damit die Energie, das wärmende Gefühl des Energieaustausches, wie eine Quelle, erfühlt werden kann. Der Geist, bzw. die geistige Hilfe ist bereits anwesend; der Heilungsprozeß wird jetzt möglich.

Obwohl unsere zukünftigen Therapeutinnen an den verschiedensten Beschwerden leiden, wird in jedem Fall auf der Wirbelsäule, beim plexus solaris begonnen. Dabei erspürt die Therapeutin, wo die Energie fehlt; hier wird also die Diagnose erstellt.

Nachdem der Kontakt hergestellt ist, erfolgt wie gesagt

ein allmählich etwas stärker werdendes, doch stets gefühlvolles Drücken, worauf auch der Behandelnden wärmer wird. Sie spürt die geistige Präsenz; ihre Hände fangen an zu vibrieren.

Damit beginnt die angestrebte Polarisierung. Wenn die Behandelnde an diesem Druckpunkt eine kurze Zeit verweilt, so fließt die Energie von hier aus nach oben und nach unten.

Ein für die Kandidatin angenehmes Gefühl gelangt bis in alle Extremitäten, der Körper wird von einer wohligen Wärme erfüllt. Patient wie Therapeutin spüren den Energiestrom, erneut vergleichbar mit einem Telefonnetz. Oft frage ich meine Patienten spaßeshalber: »Telefonieren Sie schon mit London, New York oder Tokyo?«

Wenn die Kandidatin nun in ihrer Behandlung nach unten strebt, so verteilt sich die Energie auch nach vorne. Geschieht all dies zu schnell, so kann die Behandlung lediglich mechanischer Art sein. Nur mit der nötigen Ruhe und Ausdauer wird die Energie quantitativ stark.

Das besagte »Telefonnetz« hat Anschlüße bis hinauf in den Kopf; ebenso bis in die Füße. Die Ausbreitung der Energie bis in die Extremitäten, also bis zu den Armen und Füßen des Patienten ist für die Therapeutin in Form von Vibrationen spürbar.

Nun wird die Seite gewechselt, d.h. die Behandelnde setzt sich auf die linke Seite; es wird genau gleich vorgegangen. Bereits jetzt wird der Kandidatin die Behandlung, nach den ersten Erfahrungen, viel leichter fallen. Auch sie, nicht nur der Patient, verspürt ein wohlig wärmendes Gefühl, so, als ob sie ein heißes Bad nehmen würde.

2. Zweiter Teil: Herz- bis Kehlkopfchakra

Nun nehmen wir uns die Behandlung vom Herzchakra bis hin zum Kehlkopfchakra vor. Es geht also Richtung Vater Himmel.

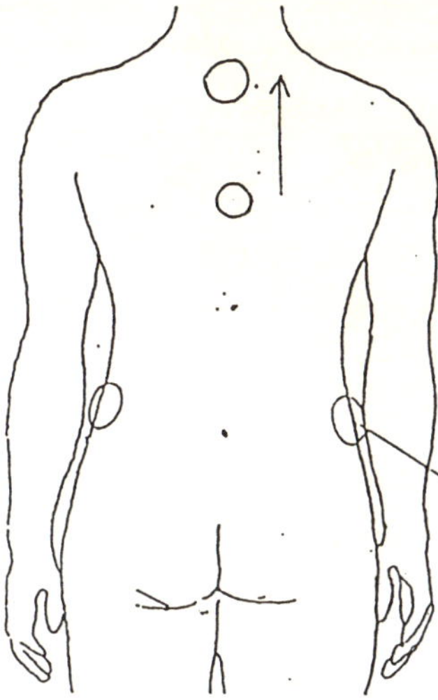

Abbildung 4

Schließlich soll er nicht eifersüchtig werden und sich nicht vernachlässigt fühlen!
Auch hier wird von der rechten Seite ausgegangen. Oft gelingt der Kandidatin bereits in dieser Phase der Ausbildung, ein möglicherweise geringeres Maß an Energie beim Herzchakra festzustellen, unter dem, wie wir gesehen haben, so viele Menschen leiden. In diesem Falle braucht die Aktivierung des Energiestroms längere Zeit. Fließt dann aber mehr Energie durch dieses Zentrum, so kehrt größere Vitalität und mit ihr das Interesse am Leben zurück.

Verständlicherweise gehen wir nun weiter zum Kehlkopfchakra, denn jetzt, nachdem das Herzchakra ganz offen ist, kann die Energie dorthin weiterfließen. Dabei ist es vielleicht einfacher, stehend zu behandeln: Die Kandidatin hat so mehr Kraft.

Im allgemeinen sind weder langes Sitzen noch langes Stehen angenehm.

Die Hände reichen nur schwerlich bis zum Kehlkopfchakra. Sie können deshalb etwas gedreht und mit den Daumen voran nach oben geschoben werden. Das Wichtigste ist einmal mehr ganz einfach, jegliches mechanische Behandeln zu vermeiden.

In derselben Übungslektion wird auch den Vitalpunkten Aufmerksamkeit geschenkt (vgl. Abb. 4). In den Nierenhöhlen gelegen und zum Bereich des Sakralchakras gehörend, bieten diese die beste Möglichkeit, Energie zu polarisieren. Aktiviert die Kandidatin diese beiden Punkte, so wird sie einen äußerst starken Energiestrom fühlen, der sich sowohl in den Kopf als auch bis in die Füße hinunter auswirkt und sich alsdann vertikal, durch die Nadis, verteilt. Ein häufiges Aktivieren dieser Punkte, abwechslungsweise mit denen des Kehlkopfchakras, läßt die Behandlung nicht eintönig werden.

Dabei ist die Therapeutin auf dem Wege dazu, sich immer mehr mit der geistigen Kraft zu identifizieren. Ihr wird ganz warm; diese Wärme gelangt über die Wirbelsäule wiederum zum Patienten zurück.

In beiden brodelt es wie in einem Thermalbad; beide sind zu einer Person verschmolzen. Grund dafür ist der hinzugetretene Geist, das erfolgreiche Ende eines geistigen Prozesses.

Bereits an dieser Stelle hat dank der Harmonie zwischen Patient und Therapeutin der Heilungsprozeß eingesetzt. Mit Recht stellt man sich hierbei die Frage, wer nun eigentlich der Behandelnde und wer der Kranke sei. Zwischen Patient und Therapeutin darf kein Abstand mehr bestehen.

Auch tritt das Element Liebe als Sympathie hinzu, ohne die keine Heilung erfolgt. Bei Antipathie ist eine Gesundung nicht möglich. Auch hier manifestiert sich wohl ein kosmisches Gesetz, eine archetypische Konstellation.

3. Dritter Teil: Wurzelchakra
Dieser Kursteil beinhaltet die Behandlung des Wurzelchakras. Aktiviert werden das Zentrum sowie acht Punkte, die diese Gegend, einem Mandala gleich, umgeben.

Besonders bei Ischiasbeschwerden ist die Behandlung dieser Chakraregion unerläßlich, auch wenn sie nicht an allen Punkten erfolgen muß.

Bei sexuellen Störungen oder Impotenz, bzw. Frigidität, empfiehlt sich besonders eine Behandlung der seitlichsten Punkte. Von da aus wird die Energie nicht nur nach oben, sondern auch in die Beine geleitet.

Wenn die Kandidatin ihre Hand mit gespreizten Fingern eine Minute lang ruhig hält, so setzt auf der rechten Seite, der Bewußtseinsseite, eine Mandalarotation der Energie im Gegenuhrzeigersinn ein; auf der unbewußten, der linken Seite, erfolgt ein entgegengesetzter Fluß. Ziel ist es, die Mutter Erde zu aktivieren. Dank ihres Einbezugs bleibt der Mensch auf der Erde, schwebt nicht als Engel davon.

Abbildung 5

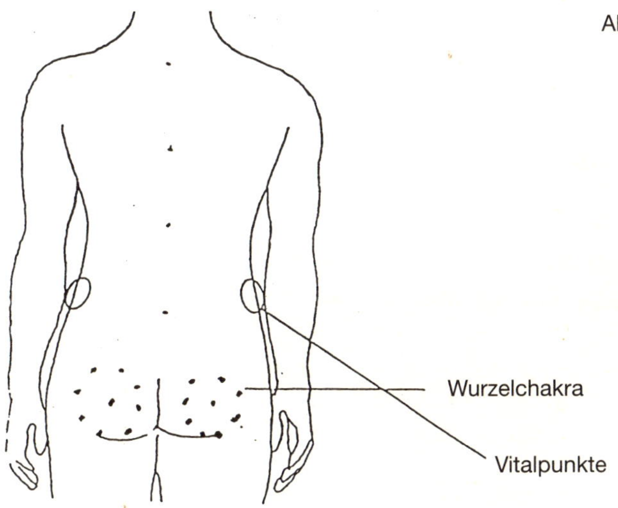

Betrachtet man beide Ströme zusammen, so lassen sie sich mit der Form einer Lotusblume vergleichen. Beide Linien finden zusammen.

4. Vierter und fünfter Teil: Wiederholung des Erlernten
Während beider Übungslektionen wird, wie der Titel sagt, das bis dahin Gelernte wiederholt.

B) Zweiter Kurs: Behandlung von vorne

Im zweiten Kurs wird die Behandlung des vegetativen, parasympathischen und sympathischen Nervensystems erlernt. Dabei liegt der Patient nun auf dem Rücken.

1. Erster Teil: Solarplexus und Sakralchakra
Die nun neu zu erspürenden Druckpunkte befinden sich auf den parasympathischen Nerven, die das Sakralchakra umgeben; behandelt wird also nicht organisch.

Die Kandidatin sitzt rechts. Von hier aus erfolgt die Behandlung mit sechs Fingern (je drei beider Hände) auf der linken Seite der Behandelten. Einmal mehr zählt das Empfindungsvermögen. Ertastet werden fünf Stellen nach unten; dies mehrmals. Auf der rechten Seite werden dieselben fünf Punkte aktiviert, nun allerdings, der Einfachheit und Bequemlichkeit halber, mit den Daumen.

Verbunden werden die beiden vertikal behandelten Linien durch fünf Punkte, die das Zentrum der Energie einschließen, d.h. es kommt zur Aktivierung von fünf Punkten in horizontaler Richtung.

Heilende Wirkung hat diese Behandlung vor allem für depressiv oder überhaupt psychisch Erkrankte sowie Patienten mit sexuellen Störungen.

Gleichzeitig werden immer wieder die Vitalpunkte aktiviert.

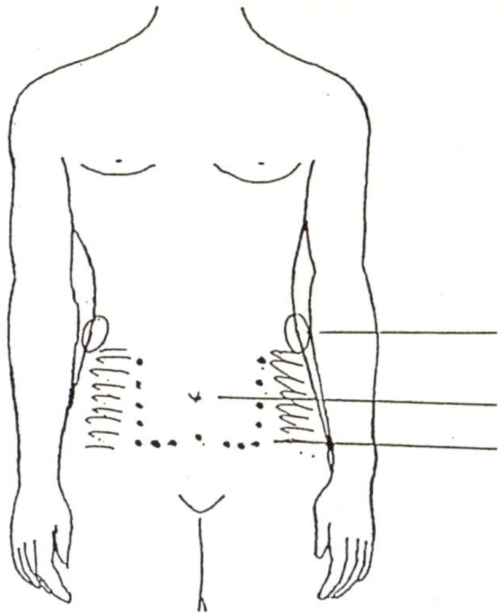

Abbildung 6

2. Zweiter Teil: Herz- bis Kehlkopfchakra
Vom Herzchakra aus wird bis zum Kehlkopfchakra behandelt. Sehr gut feststellbar sind beispielsweise Asthmaprobleme, da dann an dieser Stelle sehr wenig Energie fließt. Der rechte Daumen erfühlt das Kehlkopfchakra, sechs Wirbel weiter oben als das Herzchakra gelegen. Von hinten her wird dasselbe Chakra mit vier Fingern einer Hand erspürt. Ausgehend von diesem Zentrum läßt sich die Energie sehr schnell polarisieren.

3. Dritter Teil: Wiederholung des ersten und zweiten Teils sowie Wunderpunkte und Stirnchakra
Teil 1 und 2 werden wiederholt. Neu übt die angehende Therapeutin die Behandlung der Wunderpunkte ein. Gedrückt wird mit dem Daumen der rechten Hand, was eine sehr starke Polarisierung bewirkt. Es erfolgt ein »Telefonanruf« im Bauch; deshalb verweilt die andere Hand auch

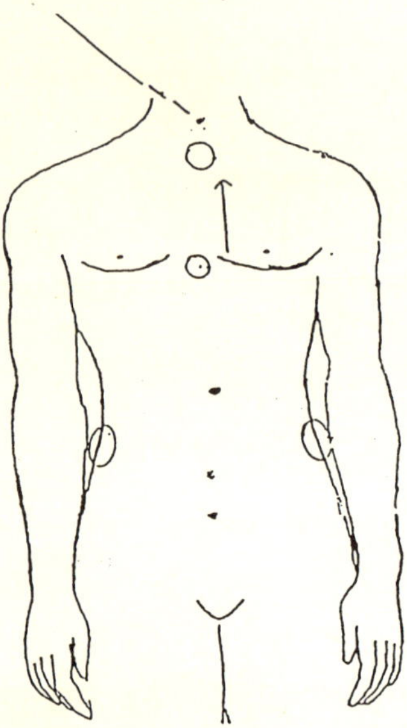

Abbildung 7

an dieser Stelle und kann nun eine wohlige Wärme spüren.

Die Wunderpunkte gehören zur Gegend des Kehlkopfchakras. Von da aus fließt die Energie hin zum Zentrum, dem Herzchakra, seitlich bis nach hinten zu den Schulterblättern sowie bis nach vorne in die Hände, in die äußersten Extremitäten also. Durch das Zurückschicken der Energie zum Herzchakra kommt es zu einer Polarisierung.

Die Behandlung der Wunderpunkte wird alternierend abgelöst durch die Aktivierung des Kehlkopfchakras von hinten.

In derselben Übungslektion wird die Behandlung des Stirnchakras erlernt. Rechts vom Patienten sitzend, aktiviert die Kandidatin von hinten her das Stirnchakra. Bei Patienten mit Augenproblemen kann diese Stelle durch ein

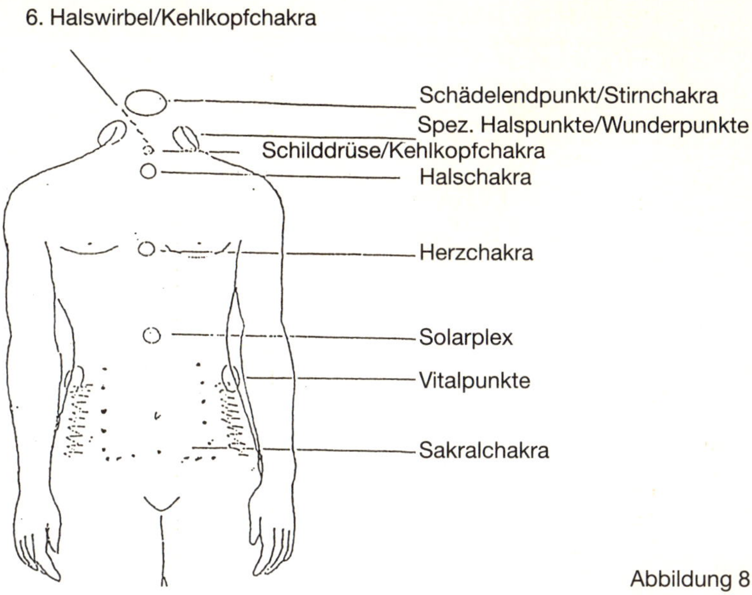

Abbildung 8

abwechselndes Drücken und wieder Nachlassen bis zu 20 Minuten lang behandelt werden.

Wichtig für die behandelnde Therapeutin ist auch hier wiederum die Polarisierung. Die Behandlung muß langsam erfolgen. Es braucht eine enorme Kraft und ein großes Maß an Liebe.

Wenn die Therapeutin dann aber den Energiestrom fühlt, so bedeutet dies, daß sich der Energiefluß auch nach oben hin wieder eingestellt hat.

4. Vierter Teil: Achselhöhle und Ellbogen

In der linken Achselhöhle liegen drei Punkte, mit deren Hilfe Störungen in den Händen behoben werden können.

Weiter geht es um die Aktivierung dreier Punkte auf dem Ellbogen. Auch hier ist das Ziel eine Polarisierung.

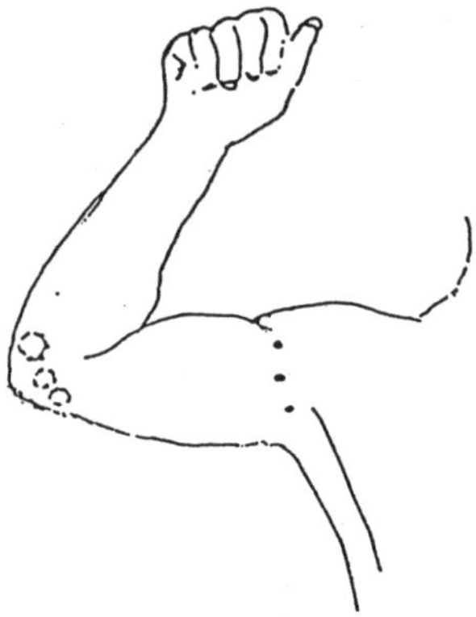

Abbildung 9

5. Fünfter Teil: Wiederholung der Behandlung von vorne
Die gesamte auf der Vorderseite der Kandidatin erlernte Behandlung wird wiederholt.

Die angehende Therapeutin lernt ebenso die beiden Handchakras kennen.

C) Dritter Kurs: Gesichtskosmetische Behandlung und andere Punkte

Aus Zeitgründen konzentrieren wir uns während der Ausbildung vornehmlich auf die im ersten und zweiten Kurs erläuterten sieben Geheimpunkte, auf die wir im nächsten Kapitel nochmals eingehen werden.

1. Biokosmetische Gesichtsbehandlung
Im dritten Kurs schenken wir die Aufmerksamkeit dennoch dem gesichtskosmetischen Aspekt der Behandlung.

Auch hier gilt einmal mehr, je besser die Energie polari-

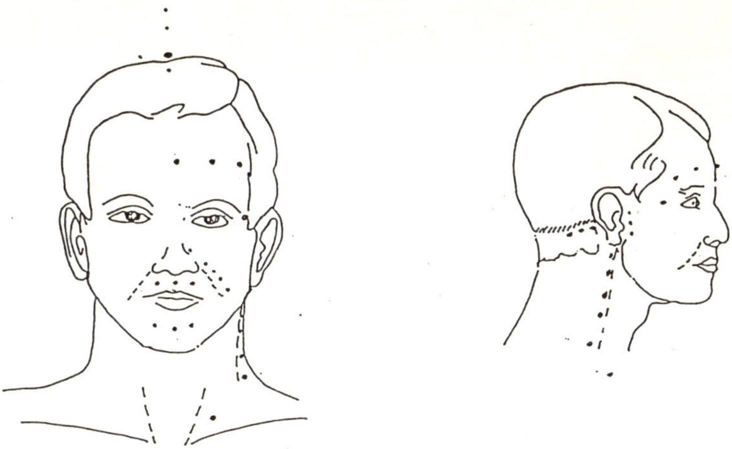

Abbildung 10

siert ist, bzw. Yin und Yang in Harmonie stehen, desto stärker ist die Durchblutung.

Während die linke Hand auf dem Bauch ruht, wird mit den drei mittleren Fingern der rechten Hand das Kehlkopfchakra behandelt. Auf der Suche nach dem Energiefluß tastet sich der Daumen den Nacken entlang über fünf Punkte hinauf. Die Therapeutin muß erkennen, wo die Energie stockt; von hier aus soll polarisiert werden.

Sehr empfehlenswert ist diese Therapie für Menschen mit Nackenproblemen oder einem Schleudertrauma. Die Wirkung ist erstaunlich, auch was das allgemeine körperliche Wohlbefinden anbetrifft. Nach zwei bis dreimaliger Behandlung wird zudem in der Kopfgegend ein Gefühl wohliger Wärme eintreten.

Zu Beginn mag der Energiestrom gering sein; bereits beim zweiten Mal kann aber ein verstärkter Fluß von unten nach oben verspürt werden.

Wichtig ist die Polarisierung vor allem auf der linken Körperseite, der Herzseite; darauf folgt die Behandlung der rechten Seite. Aufgrund dessen strömt die Energie nicht nur nach oben hin aus, sondern auch Richtung Zentrum.

Nun lernt die angehende Therapeutin, die Trigeminusnerven zu erspüren und zu behandeln (s. Abb. 10). Wer Probleme, Schmerzen an dieser Stelle hat, der soll direkt auf den Nerven behandelt werden, wiederum über fünf Punkte. Die Schulmedizin versucht immer noch, derartige Schmerzen operativ zu beheben, was nicht immer gelingt, und im Grunde unnötig wäre.

Weitergeführt wird die Behandlung über der Nase, wo wieder drei Punkte abgetastet werden. Anschließend gelangt die Behandelnde mit den drei gleichen Fingern der linken Hand auf die Stirne; dabei ergreift die rechte Hand am besten den Nacken von hinten her. Dasselbe wird dann auf der rechten Seite gemacht. Die linke Hand ruht diesmal auf der Stirn. Wichtig ist generell, daß die jeweils freie Hand den Kontakt zum Körper nicht aufgibt.

Ebenfalls behandelt werden können die Schläfen, vor allem für Patienten mit Augenproblemen; Auswirkungen sind aber auch im ganzen Körper, vor allem im Solarplexus, zu fühlen.

Schließlich werden das Dritte Auge sowie weitere vier Punkte, auf gleicher Höhe links und rechts davon, behandelt.

Auch das Scheitelchakra ist entscheidend. Von hier aus wird die Energie durch den gesamten Körper hinab polarisiert. Die Behandelnde ertastet normalerweise wiederum drei Punkte vertikal Richtung Stirn; mitunter empfiehlt es sich allerdings, nur an einem Punkt, dafür länger, bis zu fünf Minuten, zu verweilen. Dasselbe gilt für drei Punkte in der Horizontalen.

Allgemein spielt die Behandlungszeit eigentlich keine Rolle; vielmehr geht es um das Erspüren der Energie, um den Energieaustausch zwischen Therapeutin und Patienten.

Bei Ohrenproblemen kann ebenfalls Abhilfe geschaffen werden, indem jeweils der Punkt hinter der Ohrmuschel aktiviert wird.

Oberhalb des Nackens befinden sich Behandlungspunkte, die vor allem bei Migräne helfen; wer mit Kopfschmerzproblemen kommt, der sollte jedoch am ganzen Körper zwecks Harmonisierung der Energie behandelt werden.

Um den Kreis zu schließen, konzentrieren wir uns auf die Gegend unterhalb der Nase: Die dortigen drei Punkte sowie drei weitere Stellen am Kinn wirken appetitanregend.

Im gesamten Gesichtsbereich ist der Energiefluß nicht so stark wie an anderen Stellen des Körpers. Empfehlenswert ist die Behandlung aber dann, wenn es um konkrete Probleme in dieser Zone geht.

Daß eine allgemeine Besserung eingetreten ist, wird erkennbar, wenn sich die Gesichtsfarbe von blaß zu rötlich verändert: Die Arterien werden besser durchblutet. Daher sprechen wir von Biokosmetik, und so kann diese Therapie auch ganz einfach zwecks Schönheit angewendet werden, ohne daß jemand Schmerzen haben müßte.

Auch hierbei gelten stets dieselben zwei Grundsätze: Zum einen darf nie mechanisch behandelt werden, die Therapeutin muß die Energie immer spüren, in jeder Situation neu. Dies mag zwar etwas Zeit in Anspruch nehmen, doch auf einmal erfährt sie den verbesserten Energiefluß. Zum anderen soll immer polarisiert werden: Das »Telefonnetz« muß intakt sein und bleiben.

2. Die Behandlung anderer spezieller Punkte

Ebenfalls in die Ausbildung einbezogen wird die Behandlung der Brustgegend, die besonders bei den heute häufigen Zystenerkrankungen sehr hilfreich ist.

Auf der linken Körperseite des Patienten wird im Uhr-

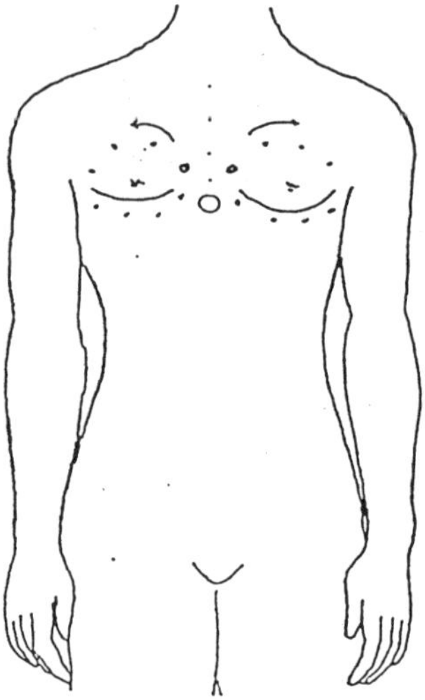

Abbildung 11

zeigersinn behandelt. Einmal mehr gilt es, in erster Linie den Energiestrom zu erspüren. Rechts erfolgt dasselbe Vorgehen, allerdings gegen den Uhrzeigersinn. Ziel ist wiederum eine Polarisierung und Harmonisierung des Energiestroms. Mögen gewisse Schulmediziner uns auch als Scharlatane abtun: es funktioniert; die bisherigen Heilerfoge bestätigen das.

Ebenfalls weitverbreitet sind Knieprobleme. Hier ist an der Außenseite sowie an der Innenseite jeweils ein kleines Chakra, bestehend aus drei Punkten, zu behandeln. Wer speziell deshalb zu mir kommt, den behandle ich 20 Minuten an dieser Stelle; ideal wäre aber auch in diesem Fall eine ganzheitliche Behandlung.

Das Knie fühlt sich zuerst kalt an; nach der lokalen Behandlung stellt sich dann eine Erwärmung sogar der gesamten Peripherie ein, und dies nicht selten bereits nach dem ersten Mal.

Menschen mit Beinbeschwerden sind in erster Linie von

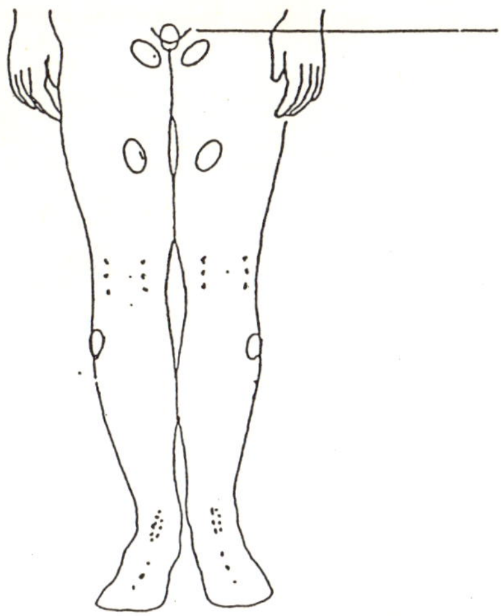

Abbildung 12

hinten aus über das Sakralchakra und den Ischiaspunkt zu behandeln. Von hier aus läßt sich die Energie bis ganz unten in die Füße polarisieren. Ebenfalls behandelt werden sollten die Leisten.

Dieselben Punkte sind wirksam bei Hüftarthrose. Wird diese Erkrankung im Anfangsstadium erkannt, so kann die Therapie sehr hilfreich sein.

Weitere Chakrapunkte befinden sich auf den Oberschenkeln, zwischen Knie und Leiste, die auch von hinten her Richtung Ischiasstelle und Wurzelchakra zu behandeln sind.

Einen besonderen Energiefluß in die Füße bewirkt die Behandlung zweier Punkte auf der Außenseite der Unterschenkel, knapp unter dem Knie. Empfehlenswert und erfolgreich ist diese Behandlung z.B. bei Multipler Sklerose: Der Patient gewinnt Kraft in den Beinen.

Allmählich zu einem Ende der Behandlung kommt die Therapie bei der Achillessehne: Zwei Finger ergreifen sie mit leichtem Druck und warten wiederum auf eine Antwort durch den Energiefluß. Gleichzeitig lassen sich so auch Knieprobleme beheben.

Das letzte wichtige Chakra schließlich befindet sich an der Fußsohle.

Beide Hände halten jeweils den Fuß fest, vier Finger von hinten her, der Daumen liegt oben auf dem Fuß; von hier aus kann die Energie bis hinauf in den Kopf polarisiert werden.

3. Die sieben wichtigsten Punkte

Die Erfahrung hat mir gezeigt, daß man sich auf die folgenden sieben Punkte konzentrieren soll:

Schließlich kommt ein Patient meistens mit einem allgemeinen Problem und will innerhalb von 30 bis 45 Minuten gezielt behandelt werden und möglichst bald eine Besserung feststellen können.

Der Punkt 1, das Wurzelchakra, ist, wie schon eingehend beschrieben, entscheidend bei sexuellen Störungen. In diesem Falle konzentriert sich die Behandelnde bis zu zehn Minuten auf diese Stelle, mit dem Ziel, die Energie hier zu polarisieren.

Dasselbe gilt für Punkt 2, das Sakralchakra, zwei Finger breit unterhalb des Nabels gelegen. Insbesondere wird bei psychischen Problemen hier länger behandelt.

Durch die beiden Punkte 3 kann der ganze Körper harmonisiert und vitalisiert werden, daher auch der Name Vitalpunkte.

Punkt 4, verbunden mit der Thymusdrüse, ist äußerst wichtig, wie wir gesehen haben. Das Herzchakra muß unbedingt geöffnet sein; dann kann die Energie nach beiden Richtungen hin, hinauf und hinunter, polarisiert werden.

Die Punkte 5 werden bei jeder Behandlung miteinbezogen, da von hier aus die ganze Energie ins Rotieren gebracht und nach unten zurückgeschickt werden kann, daher auch der Name Wunderpunkte. Besonders wirkungsvoll ist die Behandlung bei Problemen in den Armen, den Händen und der Schulterzone.

Auch von Punkt 6, dem Kehlkopfchakra von hinten her, geht ein sehr starker Energiestrom aus; die Behandlung darf ruhig bis zu 10 Minuten dauern. Dies erfüllt den Patienten mit einem Gefühl wohliger Wärme und Zufriedenheit.

Punkt 7 schließlich, das Stirnchakra, auch von hinten

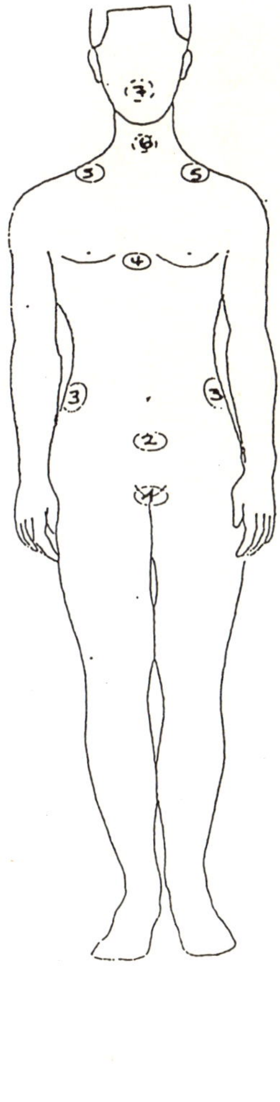

Abbildung 13

her behandelt, ist ganz besonders einzusetzen bei Migräne und Kopfweh sowie bei Augenproblemen.

Wie Sie, liebe Leser, diese Punkte bei entsprechendem Problem selbst behandeln und aktivieren können, am besten immer liegend, wird Ihnen das folgende Kapitel zeigen.

KAPITEL VI: DIE SELBSTHEILUNG

Wann immer Sie sich selbst behandeln, gilt es, die folgenden drei wichtigen Aspekte zu beachten:

- Ihr Drücken darf nie mechanisch erfolgen; spüren Sie Ihren Energiefluß und folgen Sie diesem Gefühl.
- Anzustrebendes Ziel ist stets die Polarisierung der Energie, um sie schließlich ins Rotieren zu bringen. Ein Zeichen für die eingetretene Rotation ist ein wohliges Wärmegefühl, das Sie durchfluten wird.
- Jede Behandlung darf bis zu 10 Minuten dauern. Auch hier ist das Wichtigste, daß Sie auf Ihren Körper hören.

Kommen wir nun zu der eigentlichen Selbstheilungsmethode und den Punkten, die Sie am einfachsten behandeln können:

Stirnchakra

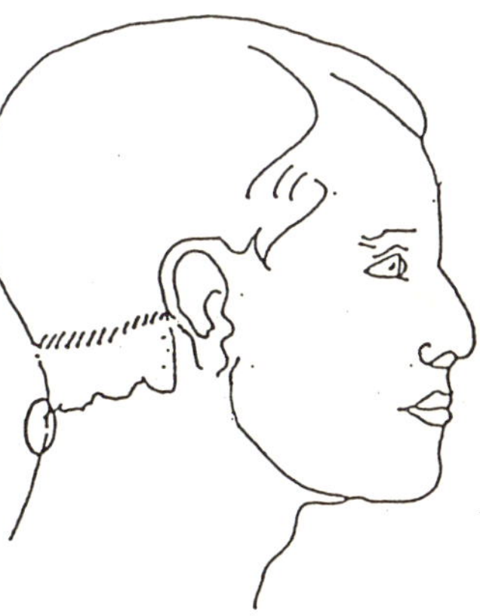

Abbildung 14

Leiden Sie z.B. unter Konzentrations-, Augen-, Ohren- oder allgemein Gesichtsproblemen, so behandeln Sie, auf dem Rücken liegend, das Stirnchakra mit Zeige-, Mittel- und Ringfinger beider Hände. Dies so lange, bis Sie von diesem Punkt eine Antwort in Form eines Energiestroms erhalten. Beginnen Sie mit einem leichten Druck, den Sie nach und nach stärker werden lassen.

Sie werden spüren, wie die Energie durch die Wirbelsäule fließt und wieder zurückkommt. Auch bei Schlafstörungen und Unruhe empfiehlt sich diese Behandlung. Die Augen sollen dabei geschlossen bleiben.

Spüren Sie Ihren Energiestrom, der Ihnen bald ein Wärmegefühl schenken wird.

Wer müde Augen hat oder allgemein nervös ist, der drücke mit denselben drei mittleren Fingern beider Hände vertikal auf die Stirn. Ebenso können die beiden Schläfen in Ihre Selbstbehandlung einbezogen werden.

Außerdem zu empfehlen ist die Behandlung des Scheitelchakras. Womöglich braucht dies etwas Zeit, sicher 10

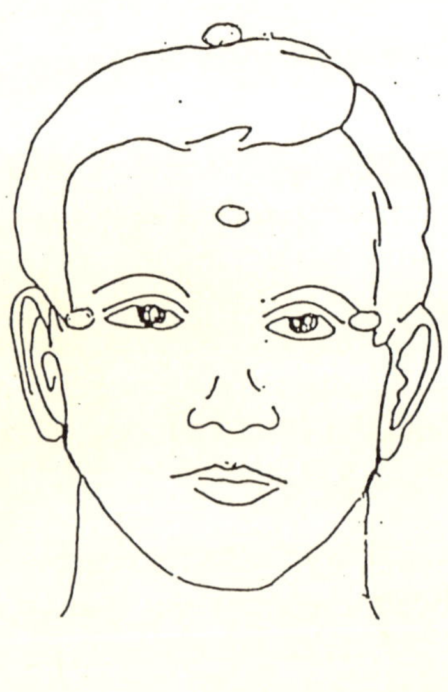

Abbildung 15

Minuten, manchmal auch länger. Dann werden Sie auch an dieser Stelle die Rotation Ihrer Energie spüren.

Am besten sollten Sie sich morgens und abends, vor dem Schlafengehen, für diese Behandlung Zeit nehmen können. Sie werden kein Schlafmittel mehr benötigen!

Folgen Sie dem Hals seitlich nach unten, um mit dem Zeige- und Mittelfinger der rechten Hand den linken Wunderpunkt zu aktivieren. Der Daumen ruht ohne Druck auf dem Hals. Der rechte Wunderpunkt wird entsprechend behandelt.

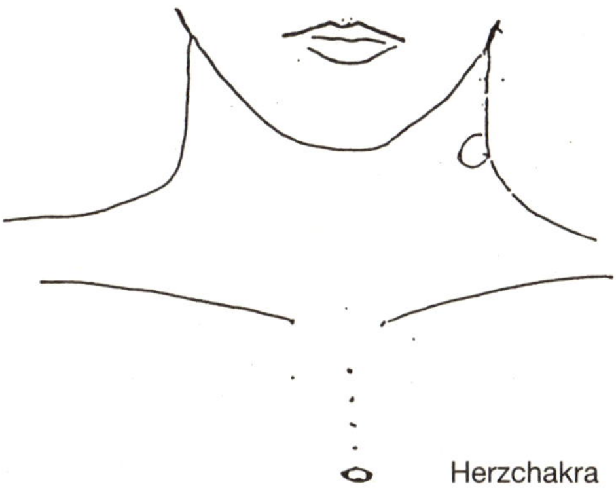

Abbildung 16

Besonders bei Beschwerden in den Schulterblättern und bei Rückenproblemen ist diese Behandlung sehr wirksam; ebenfalls bei Schlafstörungen.

Bei Herzproblemen sollen die vier Finger (ohne Daumen) beider Hände vertikal in der Mitte des Brustkorbes, auf der Höhe der Brustwarzen, angesetzt werden. Warten Sie auf die allmähliche Polarisierung. Auch diese Übung empfehle ich Ihnen wenn immer möglich morgens und abends.

Eine weitere wichtige Stelle finden Sie beim Sakralchakra, zwei fingerbreit unterhalb des Nabels gelegen. Bei Behandlung dieses Punktes kommt der Körper zur Ruhe. Auch dadurch werden Schlafmittel unnötig. Psychische Verstimmungen werden sich lösen. Sexuellen Störungen, wie Impotenz oder Frigidität, kann ebenfalls mit Hilfe dieses Punktes entgegengewirkt werden.

Während einer Schwangerschaft ist natürlich von dieser Behandlung abzusehen.

Vergessen wir nicht die Vitalpunkte, die sich eigentlich überall behandeln lassen, egal ob Sie sich gerade in der Tram, an der Haltestelle oder sonst wo befinden. Dennoch ist es am besten, wenn sie sich liegend beide Hände in die Seiten stützen. Verharren Sie längere Zeit so: Ihr gesamter Energiefluß wird sich harmonisieren, Sie werden ein wohltuendes Gefühl starker Lebenskraft in sich spüren.

Übrigens könnte ich mir diese Stellung als neue militärische Achtungshaltung vorstellen: Sie wäre weniger rigid und gleichzeitig auch noch gesundheitsfördernd!

Sehr persönlich, besonders bei sexuellen Problemen aber sehr wirksam ist die Behandlung des Wurzelchakras: Bei Frauen befindet sich dieser Punkt in der Scheide, bei Männern hinter dem Penis, im Genitalbereich also.

Bei Knieproblemen drücken Sie mit Zeige- und Mittelfinger auf die äußere Seite des Knies. Der Daumen liegt gegenüber auf der Innenseite. Nach langsamem, gefühlvollem Druck werden Sie eine enorme Wärme spüren.

Behandeln Sie sich auch in der rechten und linken Hand. Dabei ist die behandelte Hand offen, und die vier Finger der anderen Hand (ohne Daumen) erspüren vertikal, in Richtung Mittel- und Zeigefinger, den Energiestrom.

Bei Problemen in den Armen bzw. Ellbogen können letztere genau so wie bei den Knien beschrieben behandelt werden.

Schließlich beziehen Sie auch die Fußchakras mitein: Legen Sie einen Fuß auf das Knie und suchen Sie mit drei Fingern beider Hände – auf einer Linie in der Mitte des

Fußes gehalten – den Energiefluß; dies wiederum in vertikaler Richtung hin zu den Zehen.

Abschließend und im allgemeinen kann man sagen, daß jegliches Drücken an den Punkten nützlich und sinnvoll ist, wo Sie Ihren persönlichen Energiefluß spüren. – Wer sollte nun noch einen klassischen Arzt brauchen? . . .

Nutzen Sie Ihre Freizeit zur eigenen Heilung bzw. zum Gesundbleiben. Die Blicke oder Bemerkungen aus Ihrer Umgebung sollen Ihnen dabei völlig gleichgültg sein.

Nun bleibt mir nur noch, Ihnen viel Erfolg, vor allem aber gute Gesundheit und ganzheitliche Zufriedenheit zu wünschen!

SCHLUSSWORT

Auf die Realisierung dieses Buches habe ich mit viel Geduld gewartet, bis sich schließlich, einmal mehr, eine wundersame Synchronizität einstellte:

Längere Zeit nach meiner Inspiration folgte die Bekanntschaft mit Monika Schmitz-Lanz, die mir bei der Abfassung des vorliegenden Buches behilflich war; im Mai 1996 kam sie als Patientin zu mir in die Praxis. Nach und nach erfuhr ich von ihr Wegweisendes. So hatte sie z.B. im folgenden Sommer eine Reise nach Asien gebucht – bevor wir uns kennengelernt hatten, wohlverstanden. Bei einem gemeinsamen Essen erzählte sie mir ferner, daß sie mit 16 Jahren von ihren Eltern ein Buch geschenkt bekommen habe, für das sie bereits damals großes Interesse aufbrachte: »C.G. Jung in Wort und Bild«. Stets fasziniert von der Psychologie, insbesondere der Jungschen, der für sie schlüssigsten, wie sie mir immer wieder sagte, hatte sie unmittelbar vor unserer Bekanntschaft interessehalber mit einem Psychologiestudium begonnen, ohne jedoch genau zu wissen, wohin sie dies bringen sollte. Denn eigentlich erfüllt sie ihr Beruf als diplomierte Übersetzerin, zur Zeit tätig als Deutschlehrerin für fremdsprachige Erwachsene im Auftrage des Goethe-Instituts an der Dolmetscherschule in Zürich, vollständig.

Als sie von meinem Institut erfuhr und es kennenlernte, schickte ihr der Himmel eine Antwort auf ihre Frage. Als Kandidatin an meinem Institut weiß sie heute, wohin sie ihr großes Interesse an der Jungschen Psychologie und am Kontakt mit Menschen führen sollte.

Auch für mich war all dies ein Zeichen des Himmels: ich wußte, daß nun die Zeit zum Verfassen meines zweiten Buches gekommen war.

Während unserer (nur) dreimonatigen Zusammenarbeit für dieses Buch fühlten wir uns lediglich als Instrument, als Helfer eines Geistes, der uns führte. Ich war nicht Ich. Bei heiklen Stellen spürten wir beide sofort die richtungsweisende Unterstützung durch den Geist, dessen jeder Mensch bedarf: Die menschliche Ratio ist so klein und beschränkt; für eine große Arbeit braucht es mehr.

Ich bin froh, werte Leserin, werter Leser, in diesem Buch die Gelegenheit gehabt zu haben, Sie eingehender in die vielversprechenden Möglichkeiten der Bioenergie-Therapie als Heilkunst einzuführen, dank der es mir gelungen ist, unzählige Patienten von verschiedensten Krankheiten, angefangen bei Polyarthritis, über Rückenprobleme oder Migräne bis hin zu psychischen Leiden, zu befreien.

Auch der Individuationsprozeß wurde Ihnen erläutert, mit dem Jung nicht »die Stärkung der Ich-Persönlichkeit und der eigenen Identität« meinte, sondern die »Begegnung mit einem göttlichen inneren Seelenkern« – wir haben es dank Marie-Louise von Franzens einfühlsamen Worten in der Einführung gesehen.

Mein Hauptanliegen dabei war, der falschen Interpretation der Jungschen Psychologie entgegenzuwirken, wie sie die Ratio-Jungianer vertreten, auf die irreführende Tendenz der Kirche sowie auf die Grenzen der Schulmedizin aufmerksam zu machen, was mich wiederum zu der besagten »second-hand-shop«-Position bewogen hat.

Mögen Ihnen gewisse Feststellungen auch unverblümt oder direkt erschienen sein, so braucht es meiner Ansicht nach heute unbedingt den Mut, zu der Wahrheit zu stehen und sie zu äußern – die Zeit dafür ist mehr als reif.

Wer zu seiner Harmonie gefunden hat, wessen Herzchakra offen ist, dem dürfte jedoch ein ehrliches Leben nicht schwer fallen, der kann zu sich selbst stehen.

Nur so kann der Mensch auf den richtigen Weg und damit zu einem lebenswerten Leben zurückfinden. Ich hoffe, daß Sie dieses Buch in Ihrem eigenen Individuationsprozeß einen Schritt weiter gebracht hat!

QUELLENANGABEN

1 von Franz, Marie-Louise, »Die Suche nach dem Selbst«, S. 9, Kösel-Verlag, München, 1985
2 Avalon, Arthur, »Die Schlangenkraft«, S. 9, Dt. von Dr. G. Lagua, O.W. Barth-Verlag, München, 6. Auflage, 1994
3 Ebd.
4 Tansley, David. V., »Energiekörper«, S. 86, Dt. von M. Sauerbrei, Kösel-Verlag, München, 1985
5 »Die Schlangenkraft«, S. 16
6 Krishna, Gopi, »Kundalini, the evolutionary energy in man«, S. 95, Robinson & Watkins, überarbeitete Ausgabe, London 1971
(Die deutsche Übersetzung trägt den Titel: »Kundalini, Erweckung der geistigen Kraft im Menschen«; diese Ausgabe beinhaltet jedoch keinen Kommentar)
7 Ebd., S. 177
8 Chopich, Erika J. und Paul, Margaret, »Aussöhnung mit dem inneren Kind«, S. 53 Dt. von A. Bardeleben, Verlag H. Bauer, Freiburg i.Br., 15. Auflage, 1996
9 Jung, C.G., »Studien über alchemistische Vorstellungen«, S. 349, Walter-Verlag, Olten und Freiburg i.Br., 1988
10 »Die Schlangenkraft«, S. 12/13
11 Ebd., S. 10
12 Nager, Frank, Dr. med., »Das Herz als Symbol«, S. 37, Editiones Roche, Basel, 1993
13 »Energiekörper«, S. 13
14 Nager, Frank, Prof. »Wir halten ethisch-philosophisch

nicht Schritt«, in: »Die Weltwoche« (Schweizer Wochenzeitung), 5. September 1996, 36. Ausgabe

15 »Studien über alchemistische Vorstellungen«, S. 349

16 Ebd., S. 350 (vgl. Shirahama, M., Dr., »Die Chi-Energie im Sinne von C.G. Jung«), S. 28/29, Drei Eichen Verlag, 2. Auflage, Hammelburg, 1996)

17 Jung, C.G., »Erinnerungen, Träume, Gedanken von C.G. Jung«, S. 283/284, Walter-Verlag, Solothurn u. Düsseldorf, 9. Auflage, 1995

18 »Studien über alchemistische Vorstellungen«, S. 350

19 »Erinnerungen, Träume, Vorstellungen von C.G. Jung«, S. 302/303

20 Ebd., S. 10

21 »Die Schlangenkraft«, S. 73

22 Am 13. Oktober 1932 hielt Prof. Dr. J. W. Hauer einen Vor trag über Kundalini-Yoga. C.G. Jung nahm daran teil. Ein Bericht über die vier englischen von ihm gehaltenen Seminare wurde anschließend geschrieben. Dieser Bericht wurde vom Psychologischen Club Zürich 1933 herausgegeben. (vgl. »Die Chi-Energie im Sinne von C.G. Jung«, S. 78)

23 »Energiekörper«, S. 12

24 Ebd., S. 13

25 »Das Herz als Symbol«, S. 37

26 Avalon, Arthur, »the serpent power«, Buchrücken, Dover Publications, Inc., New York, 1974

BIBLIOGRAPHIE

Avalon, Arthur, »Die Schlangenkraft«, Dt. von Dr. G. Lagua, O.W. Barth-Verlag, 6. Auflage, München, 1994

Chopich, Erika und

Paul, Margaret, »Aussöhnung mit dem inneren Kind«, Dt. von A. Bardeleben, Verlag H. Bauer, Freiburg i.P., 15. Auflage, 1996

Jung, C. G., – »Studien über alchemistische Vorstellung«, Walter Verlag, Olten und Freiburg i.B.,

– »Erinnerungen, Träume, Vorstellungen von C.G. Jung«, Walter-Verlag, Solthurn u. Düsseldorf, 9. Auflage, 1995

Jung, C.G., Gesammelte Werke (G.W.), Walter Verlag, Olten

– Bd. 11, »Zur Psychologie westlicher und öst- licher Religion«

– Bd. 12, »Psychologie und Alchemie«

– Bd. 14, »Mysterium Coniunctionis«

– Bd. 16, »Praxis oder Psychotherapie«

Nager, Frank, Dr. med., »Das Herz als Symbol«, Editiones Roches, Basel, 1993

Shirahama, Mitsuo, Dr., »Die Chi-Energie im Sinne von C.G. Jung«, 2. Auflage, Drei Eichen Verlag, Hammelburg 1996

Tansley, David V., »Energiekörper«, Dt. von M. Sauerbrei, Kösel-Verlag, München, 1985

White, Victor, God and the unconscious, London, 1952, Chicago 1953

Quellennachweis

Abb. 1 entworfen von Sommerauer, Sonja
Abb. 2 aus: Tansley, David V., »Energiekörper«, S. 82, Kösel-Verlag, München, 1995
Abb. 3–9 Sommerauer, Sonja
Abb. 10 entworfen von Darnutzer, Caroline
Abb. 11–13 Sommerauer, Sonja
Abb. 14–16 Darnutzer, Caroline

Weitere Werke von Dr. Mitsuo Shirahama:

DIE CHI-ENERGIE
im Sinne von C.G. Jung
Heilung durch die eigene Lebenskraft

196 Seiten, gebunden,
ISBN 3-7699-0554-7

Therapie ohne Seele, wie sie heute oft praktiziert wird, hat nicht nur einen einseitigen Effekt, sondern sie entmenschlicht den Patienten auch. Die menschliche Natur kann diese Trennung von Körper und Seele nicht länger ertragen, das gilt für jede Art von körperbezogener Therapie und sogenannten Physiotherapien, in denen keinerlei Gefühl oder Achtung vor dem ›Geheimnis der Seele‹ vorhanden ist, die jedoch in der Einheit von Körper und Geist lebt.
In diesem Buch beschreibt Dr. Shirahama, wie die Betrachtung des ›inneren Mandalas‹ durch unsere moderne Gesellschaftsform in Vergessenheit geraten ist. Unsere Energien stagnieren, wenn unsere inneren Probleme nicht gelöst werden. Der Körper verkrampft sich, Muskeln verhärten sich, die Nerven sind voll innerer Spannung. Da der Energiefluß verlangsamt ist, entstehen Ermüdungserscheinungen und verminderter Arbeitswille.
Wir sollten uns bewußt sein, daß eine mandalaförmige Energie in uns kreist. Sie ist der Beweis einer kosmischen, allmächtigen Kraft in uns und stellt das innere Gleichgewicht wieder her.
Somit erstrahlt unsere Gesundhcit in Harmonie, wir werden eins mit dem Kosmos: UNUS MUNDUS.